Papier-Schneeflocken
Falten, Ausschneiden, Fertig!

über 50 Vorlagen in 2 Größen

AF639098

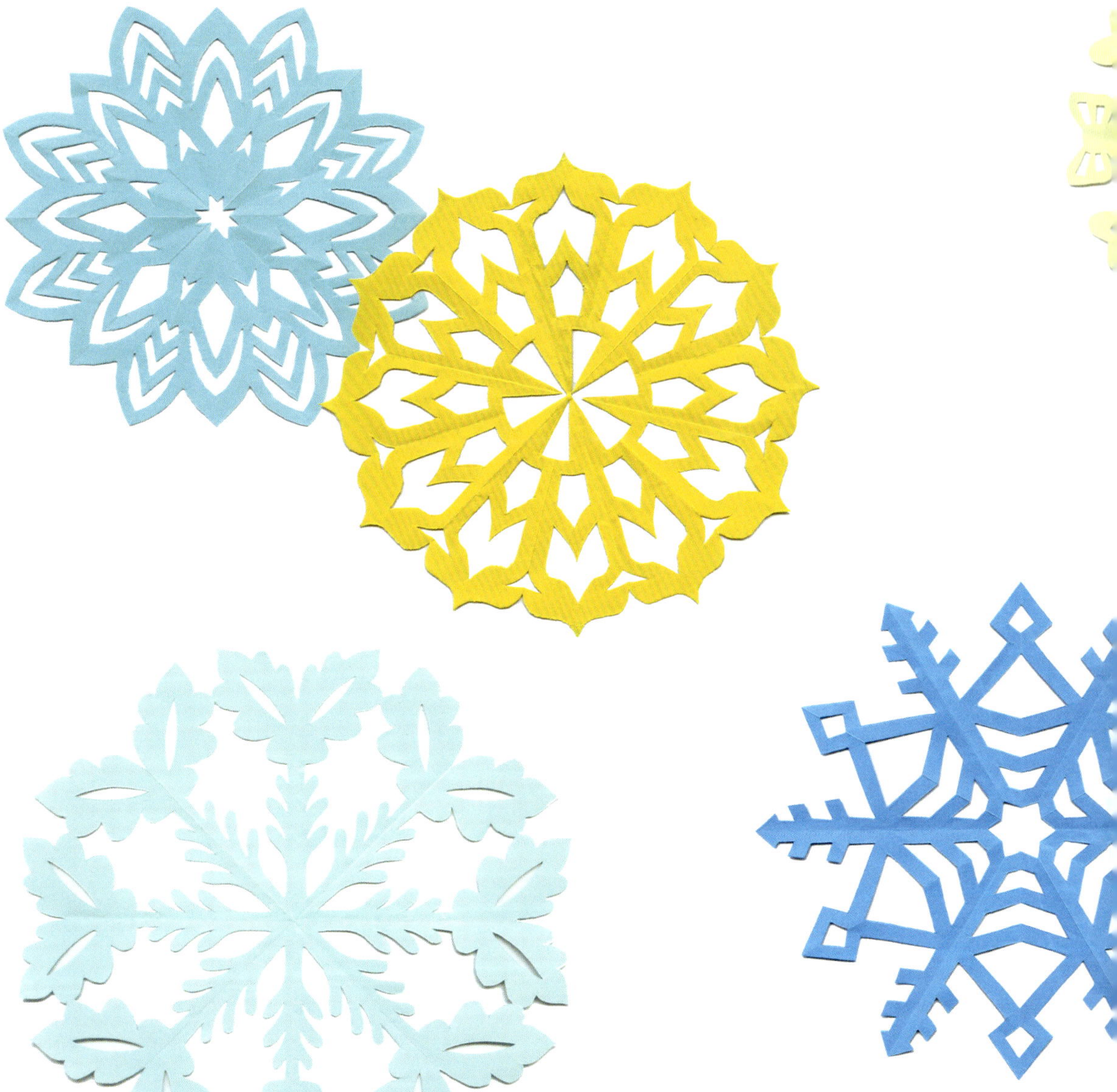

Die Vorlagen zu diesem Buch stehen in Ihrer Digitalen Bibliothek unter **www.topp-kreativ.de/ digibib** nach erfolgter Registrierung zum Ausdrucken bereit. Den Freischalte-Code finden Sie im Impressum.

Annemarie Vermaak

Magic Moments

Papier-Schneeflocken

Falten, Ausschneiden, Fertig!

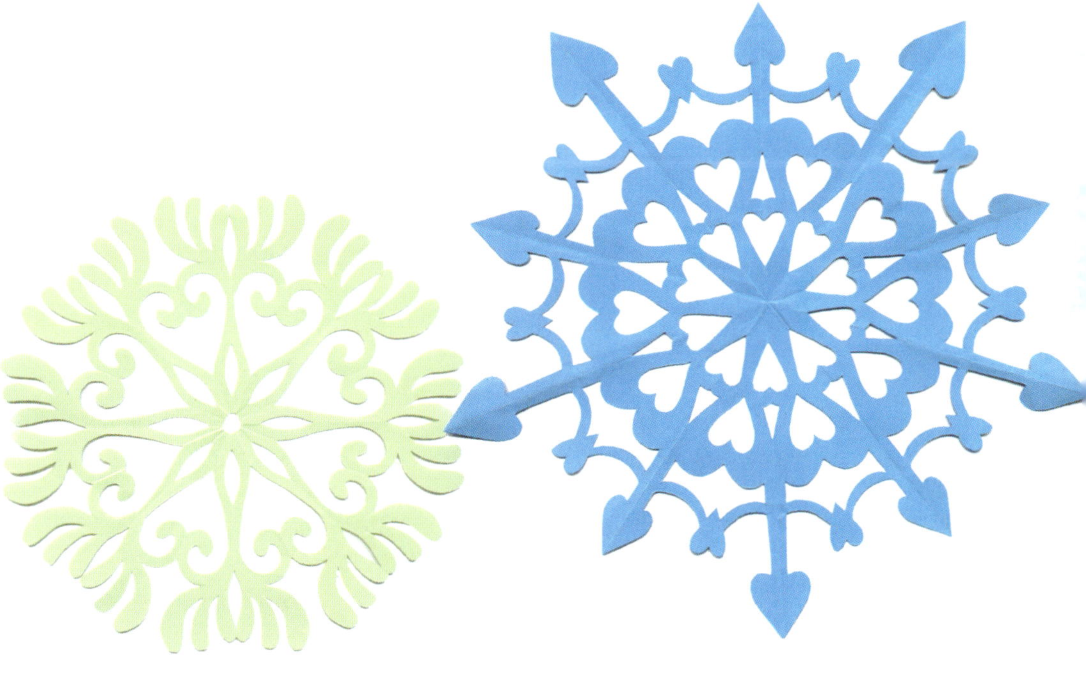

über 50 Vorlagen in 2 Größen

Inhaltsverzeichnis

Materialien 6
Grundanleitung 10

Stachelflocke 22
Sternenzauber 23
Kerzenschein 24
Schneeflocke de Luxe 25
Schnee 26
Eiskristall 27
Sternenstaub 28
Weihnachtsbaum 29
Rudolf 30
Christbaumschmuck 31
Lebkuchenmann 32
Schneemann 33
Stechpalmenblatt 34
Glück und Segen 35
Engel 36
Lichterglanz 37
Klingelingeling 38
Weihnachtsstern 39
Feuerwerk 40
Sternraketen 41
Rosa Band 42
Liebesschleife 43
Für Opa 44
Für Oma 45
Festtagsstimmung 46
Herbstlaub 47
Blätterpracht 48
Im Wald 49
Tulpenstern 50
Rosenstrauß 51
Mandala 52
Art déco 53
Kaleidoskop 54

Barockflocke 55
Löffelparade 56
Leckermaul 57
Feuer und Flamme 58
Friedenstaube 59
Früchtetraum 60
Blütenpracht 61
Grüne Oase 62
Herbstanfang 63
Blütenmeer 64
Lilie 65
Freundschaft 66
Amor 67
Im Garten 68
Blumenstrauß 69
Nilgiri-Blüte 70
Kaktus 71
Wiesenschaumkraut 72
Morgenlied 73
Seefest 74
Abendsonne 75

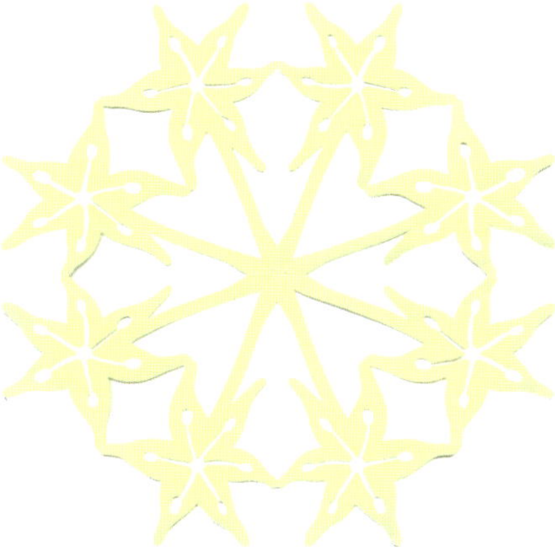

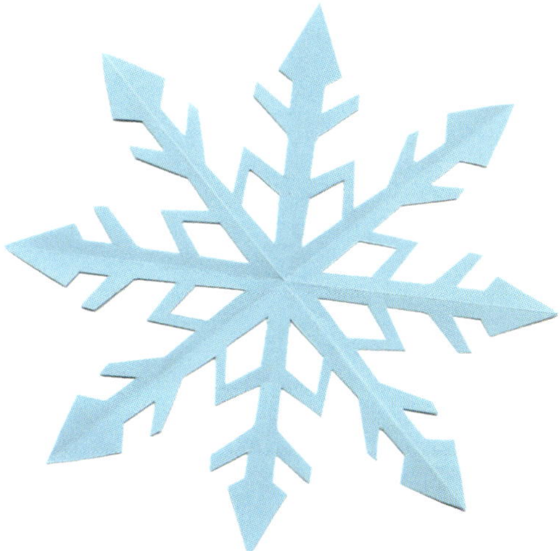

Materialien

Bestimmt haben Sie diese hübschen Schneeflocken aus Papier mit ihren symmetrischen Verzierungen schon einmal gesehen. Häufig sehen die Formen schwieriger aus, als sie wirklich sind. Die Schneeflocken lassen sich durch Falten, Aufmalen und Ausschneiden meist ohne großen Aufwand selbst basteln. In diesem Buch finden Sie nicht nur Schneeflocken und zahlreiche winterliche Motive, sondern auch Vorlagen mit Pflanzen und Blumen zu verschiedenen Festen und besonderen Anlässen. Das Buch ist randvoll mit mehr als 50 Schneeflocken – Sie können also direkt loslegen!

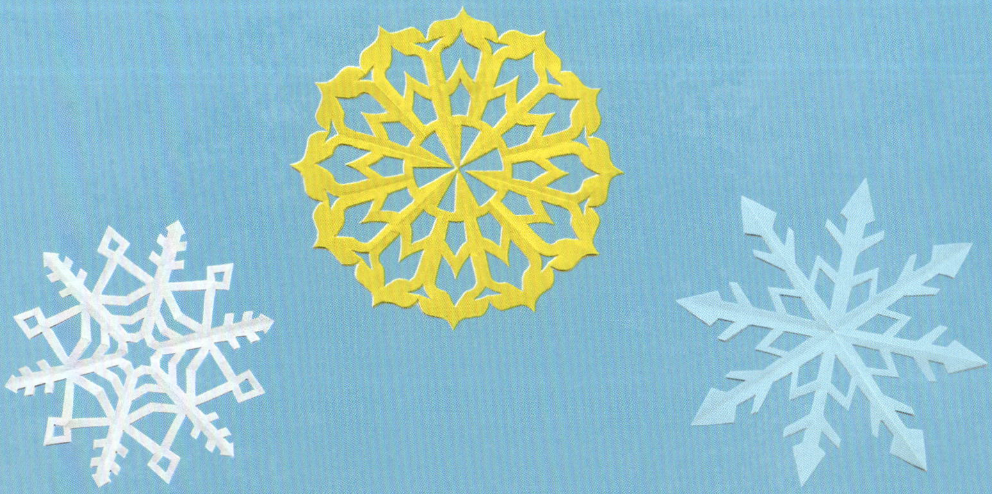

▸ Papier

Zum Basteln der Schneeflocken eignet sich normales Kopierpapier von 75 g/m^2 oder dünneres Papier, was sich etwas besser falten lässt. Da Sie in einigen Fällen durch 16 Lagen Papier schneiden müssen, werden Sie feststellen, dass mit dünnem Seidenpapier, mit dem Sie bestimmt schon früher gebastelt haben, viel besser gearbeitet werden kann. Außerdem sind die Blätter meist schon viereckig und so können Sie direkt beginnen. Auch mit anderem Papier lassen sich entzückende Schneeflocken basteln. Experimentieren Sie mit Origamipapier, Kaffeefiltern und bedrucktem Papier, so entsteht im Handumdrehen eine zauberhafte Sammlung. Das Papier muss weder weiß noch rechteckig sein.

Die Schablonen aus diesem Buch können von Hand auf Papier übertragen oder über unsere Digitale Bibliothek ausgedruckt werden, wobei die Größe der Schablonen und somit der Schneeflocken je nach Bedarf verändert werden kann. Wenn Sie keinen Drucker haben, dann zeichnen Sie die Schablonen einfach nach. So werden die Schneeflocken noch individueller!

Kleine Schneeflocken eignen sich als hübsche persönliche Verzierungen auf Karten oder Geschenken, während große Schneeflocken den Raum bei einem Fest oder einer besonderen Feier stimmungsvoll ausschmücken. Mit den Schneeflocken an den Fensterscheiben schaffen Sie in den kalten Wintermonaten eine heimelige Atmosphäre im Haus.

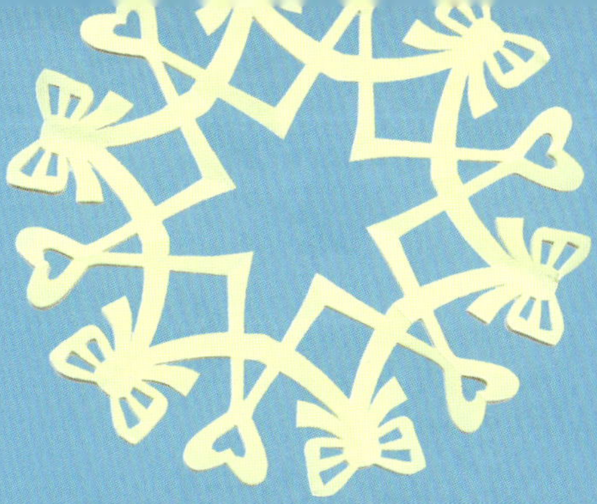

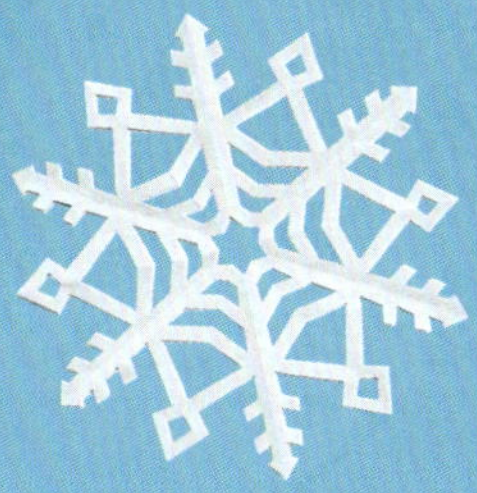

▶ Hilfsmittel

Schere: Kleine, scharfe Nagelscheren eignen sich am besten, um die Schneeflocken zu basteln. Bei diesen Scheren sind jedoch meist die beiden Augen nicht gepolstert, sodass sie schon nach zwei oder drei Schneeflocken leicht in die Finger drücken. Deshalb empfiehlt es sich, mit mehreren Scheren zu arbeiten. Verwenden Sie eine größere Schere mit weichem Augenpolster zum Abschneiden der großen Teile und nehmen Sie für die Details ein kleineres Modell. Wenn Sie feststellen, dass es sich mit einer kleinen Schere besser arbeiten lässt, dann fragen Sie im Bastelladen nach einer Schere mit Softgrip. So kombinieren Sie das Beste aus zwei Welten!

Messer: Manchmal sind die Details der Schneeflocken so fein und filigran, dass das Ausschneiden mit der Schere nicht gelingt. In solch einem Fall ist ein kleines, scharfes Hobbymesser empfehlenswert. Je dünner das Papier, mit dem Sie arbeiten, desto wichtiger ist es, dass das Messer wirklich scharf ist. Ein stumpfes Messer zieht das ganze Papier mit und die Schneeflocke reißt. Sie sollten unbedingt eine Unterlage unter die Schneeflocke legen, wenn Sie einen Teil ausschneiden möchten, um hässliche Kratzer im Tisch oder Schreibtisch zu vermeiden. Im Bastelladen finden Sie entsprechende Schneidematten.

Geodreieck: Die meisten Schneeflocken in diesem Buch sind einfach zu falten, doch bei einigen müssen Sie etwas mehr aufpassen. Praktische Hilfsmittel bei diesen Schneeflocken sind ein Geodreieck oder ein Winkelmesser. Mit einem Winkelmesser können Sie den zu faltenden Winkel genau bestimmen und die Schneeflocke bekommt die gewünschte Form.

Grundanleitung

In diesem Buch finden Sie alle Vorlagen in zwei Größen. Sie können die Schneeflocken mit einem Bogen Papier in DIN-A4-Format oder mit einem quadratischem Origami-Papier in 15x15 cm basteln. Ein DIN-A4-Papier lässt sich problemlos zum Quadrat schneiden, wie untenstehend zu sehen. Falten Sie das Blatt zunächst einmal in der Länge und dann die zwei Ecken an der kurzen Seite zum Mittelfalz. Sie können zuerst mit dem Bleistift eine Linie ziehen und dann zur Schere greifen oder die Ecken direkt am Rand entlang abschneiden. Am Ende halten Sie ein Quadrat in den Händen und können direkt mit dem Falten beginnen!

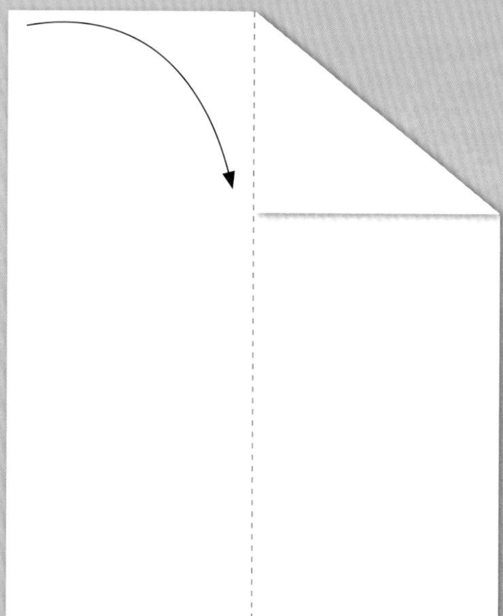

Bei allen Schneeflocken kommt zuerst der Mittelfalz – diesen haben Sie bereits beim Zuschnitt des A4-Papiers gemacht. Wie Sie dann weiterfalten, hängt von der jeweiligen Schneeflocke ab. Achten Sie deshalb immer genau auf die Anzahl der Teile, aus welchen eine Schneeflocke besteht. Die Anzahl wird auf der Projektseite der entsprechenden Schneeflocke abgebildet.

Halten Sie beim Falten und auch beim Schneiden das Papier gut fest. Wenn es sich auch nur ein wenig verschiebt, wird die Schneeflocke schief und nicht mehr symmetrisch. Außerdem lassen sich schief übereinanderliegende Lagen schlecht zuschneiden, da das Papier von der Schere „läuft". So wird die Schneeflocke beim Schneiden noch schiefer.

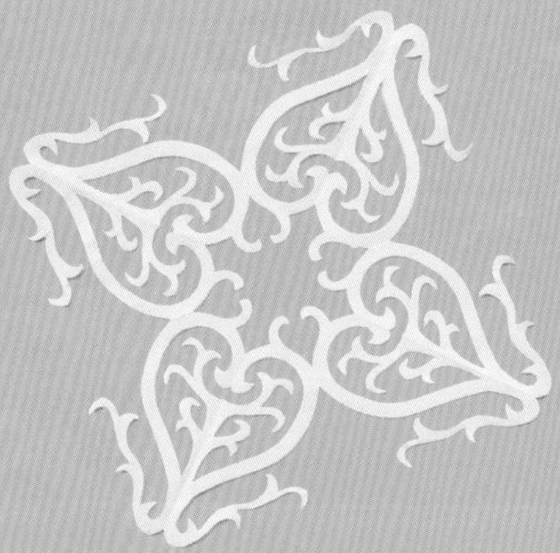

Schneiden Sie zunächst die kleinen Details der Schneeflocke aus. So können Sie die Schneeflocke besser festhalten, als wenn Sie zuerst die großen Teile abschneiden. Haben Sie versehentlich zu viel abgeschnitten? Keine Angst! Nehmen Sie einfach ein neues Blatt Papier oder verändern Sie das Muster und machen Ihren eigenen Entwurf. Die Möglichkeiten sind endlos! Reklameblätter sind ideal zum Üben, denn von Format und Dicke her sind sie gut für Papier-Schneeflocken geeignet.

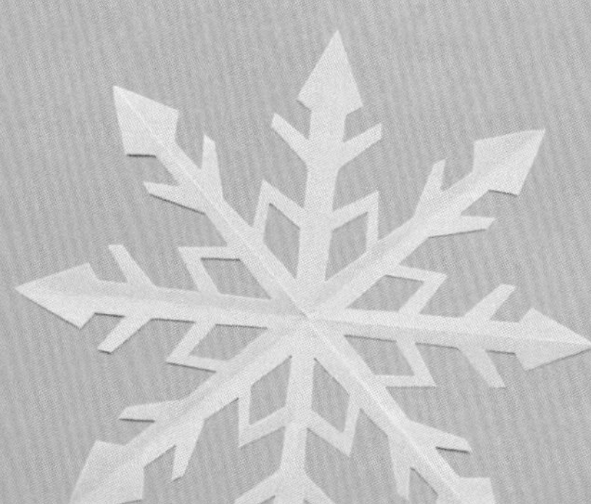

So falten Sie das Papier

Jede Schneeflocke in diesem Buch beginnt mit dem Mittelfalz. Falten Sie das Papier horizontal und vertikal deckungsgleich aufeinander, um den Mittelpunkt des Papiers zu bestimmen. Drücken Sie die Spitze, in der die Ecken aufeinandertreffen, vorsichtig flach. Wenn Sie das Papier nun wieder auseinanderfalten, sehen Sie den Mittelpunkt, an dem Sie sich orientieren können. Wenn es für Sie einfacher ist, können Sie den Punkt auch mit dem Bleistift markieren. Sie haben nun zwei Möglichkeiten, um weiterzuarbeiten: Sie können das Geodreieck zur Hand nehmen oder mit den Schablonen auf den nachfolgenden Seiten arbeiten.

8 Teile

Eine Schneeflocke aus acht Teilen ist schnell gefaltet. Falten Sie zuerst die rechte Blattkante vertikal nach links und anschließend die zwei unteren Ecken auf die oberen Ecken. Danach falten Sie die unterere linke Ecke diagonal auf die obere rechte Ecke, dass eine Spitze mit einem Winkel von 45° übrig bleibt. Nun können Sie Ihr Muster auswählen und der Schneeflocke direkt die gewünschte Form geben.

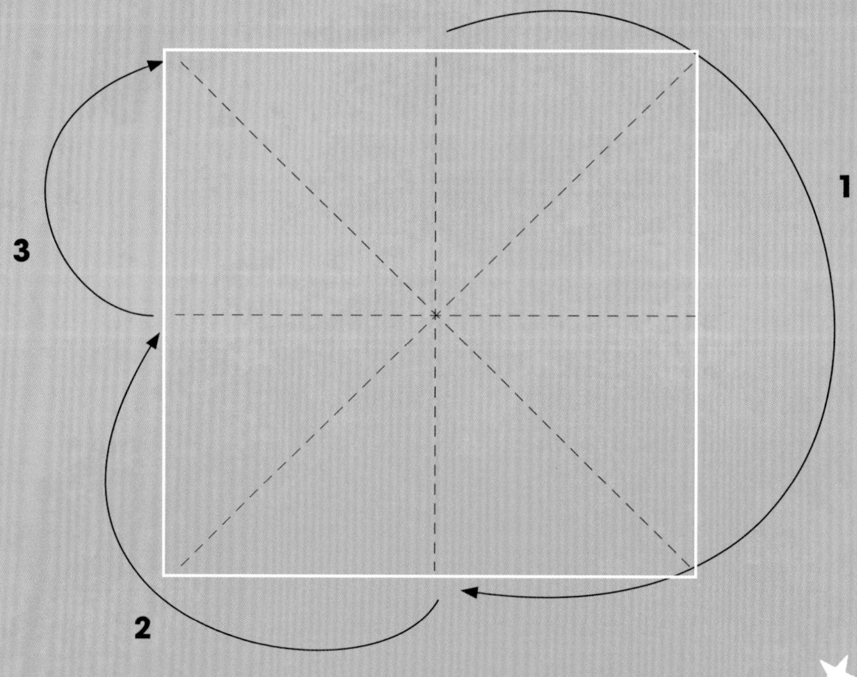

10 Teile

Falten Sie die untere Blattkante horizontal nach oben. Dann falten Sie das Papier in fünf Teile. Dazu können Sie entweder mit dem Geodreieck oder der Schablone auf der folgenden Seite arbeiten. Wenn Sie mit der Schablone arbeiten, dann falten Sie das Papier an den Falzlinien, wie nebenstehend zu sehen. Mit einem Geodreieck falten Sie das Papier bei 36°, 72°, 108° und 144°. Die Spitze, die übrig bleibt, hat einen Winkel von 36°. Unabhängig davon, womit Sie arbeiten, sollten Sie darauf achten, dass Sie das Papier stufenweise, abwechselnd nach vorne und nach hinten falten. Wenn Sie beide Seiten nach vorn falten, besteht das Risiko, dass die »versteckte« Papierlage knittert.

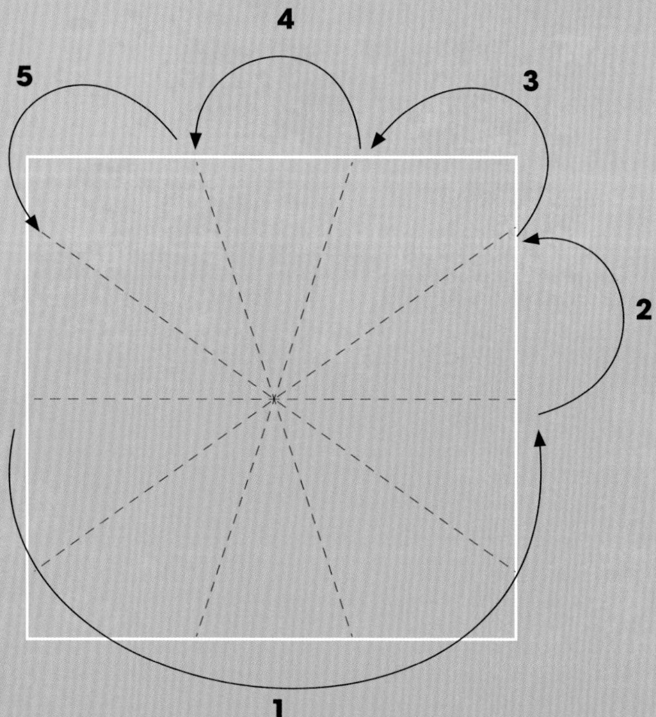

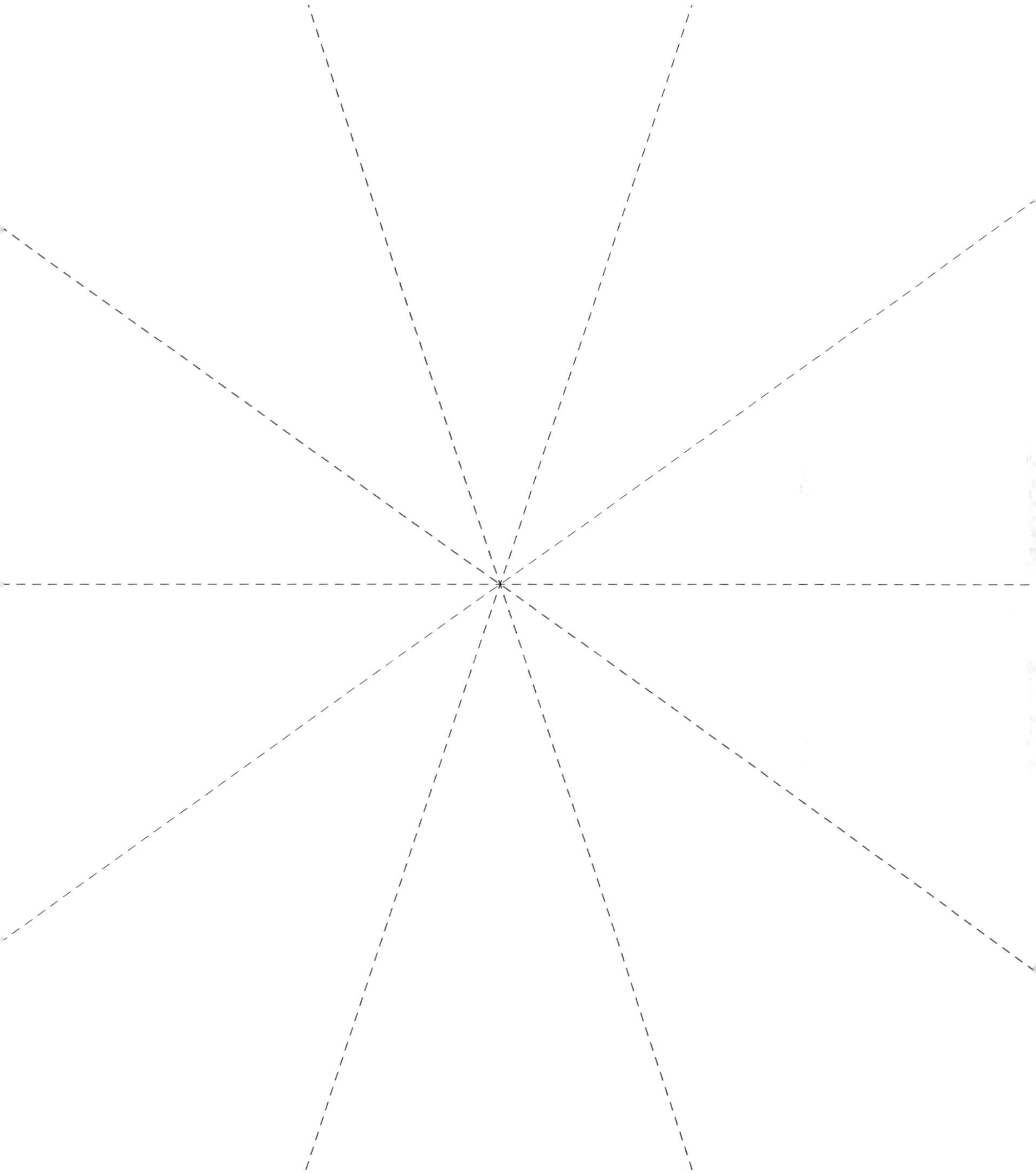

12 Teile

Schneeflocken aus zwölf Teilen sind zauberhaft, aber das Falten erfordert ein wenig Konzentration. Zuerst falten Sie das Papier über die Mitte horizontal nach oben, dann falten Sie die rechte Papierkante nochmals über die Mitte nach links, sodass ein Quadrat entsteht. Anschließend falten Sie das Papier in drei Teile, sodass eine Spitze im Winkel von 30° übrig bleibt. Nehmen Sie dazu ein Geodreieck und falten Sie das Papier bei 120° und 150° oder verwenden Sie die Schablone auf der folgenden Seite. Achten Sie darauf, dass Sie im letzten Schritt wieder stufenweise falten, damit das Papier nicht knittert.

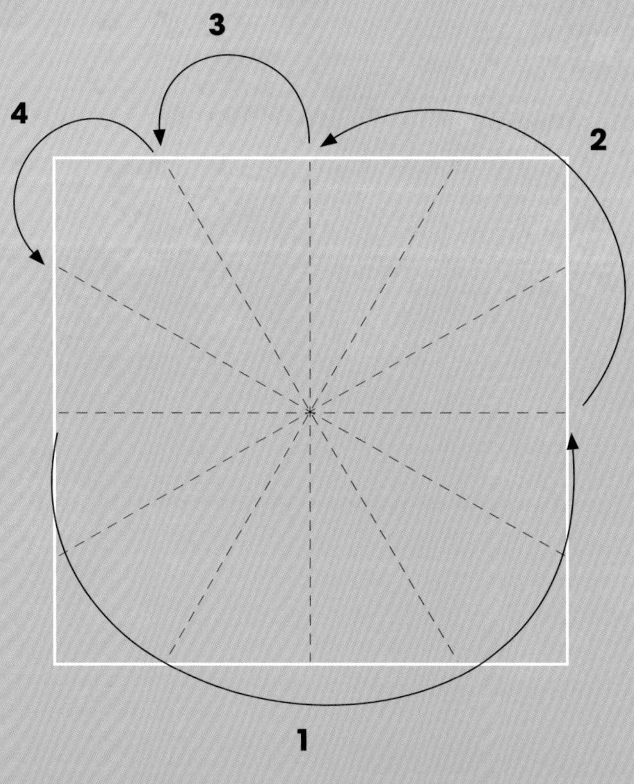

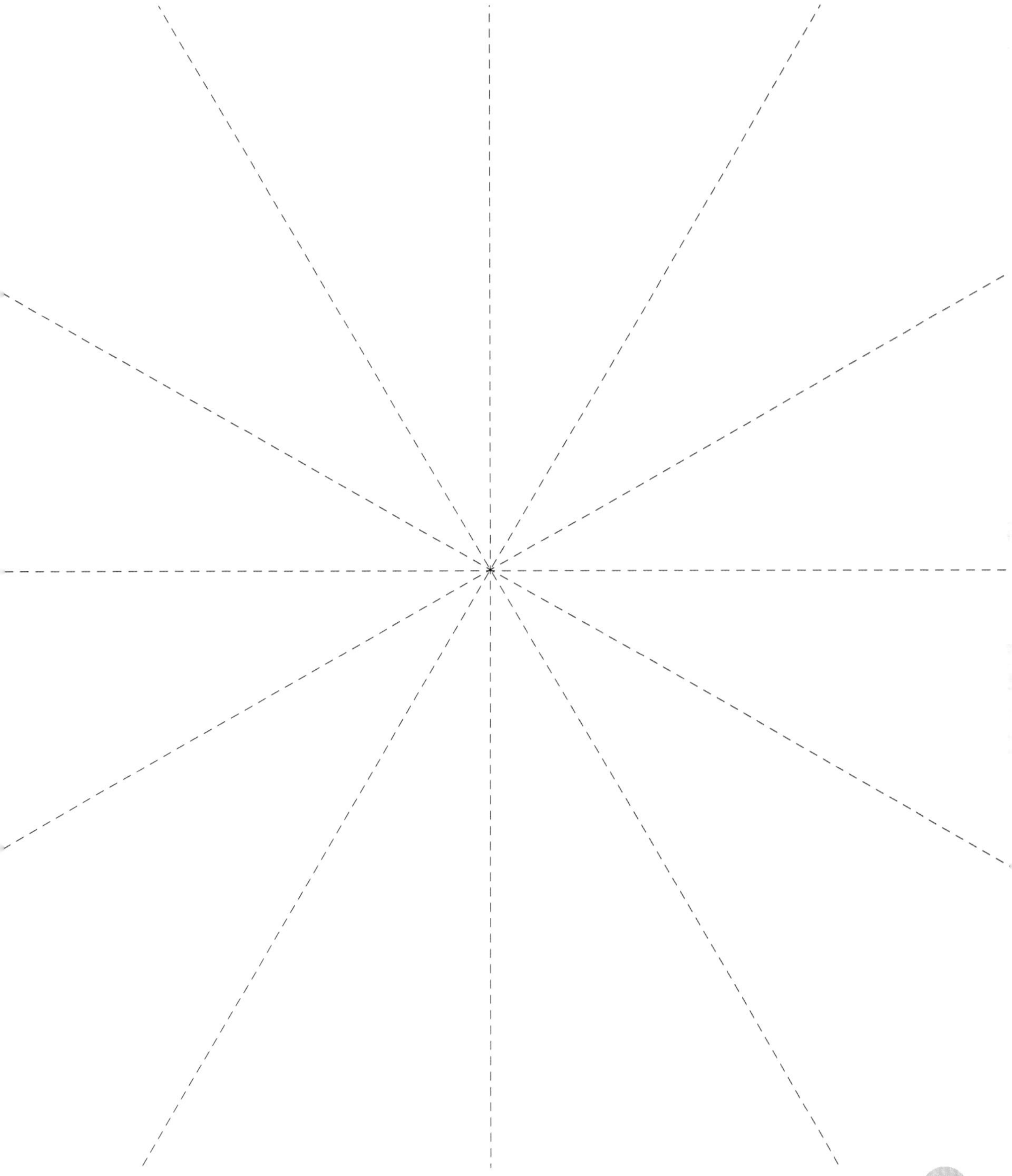

16 Teile

Das Falten und Schneiden mag bei einer Schneeflocke mit 16 Teilen ein wenig knifflig sein, doch gerade das macht sie so besonders. Warten Sie, bis Sie den winzigen Ausschnitt zu einer prachtvollen filigranen Schneeflocke auseinanderfalten! Falten Sie das Papier horizontal nach oben und anschließend vertikal nach links. Danach falten Sie das Papier noch dreimal über die Mitte. So erhalten Sie eine Spitze mit einem Winkel von 22,5° und können direkt mit Ihrem Schneeflockenmuster beginnen. Auch hier kann zur Vereinfachung stufenweise gefaltet werden.

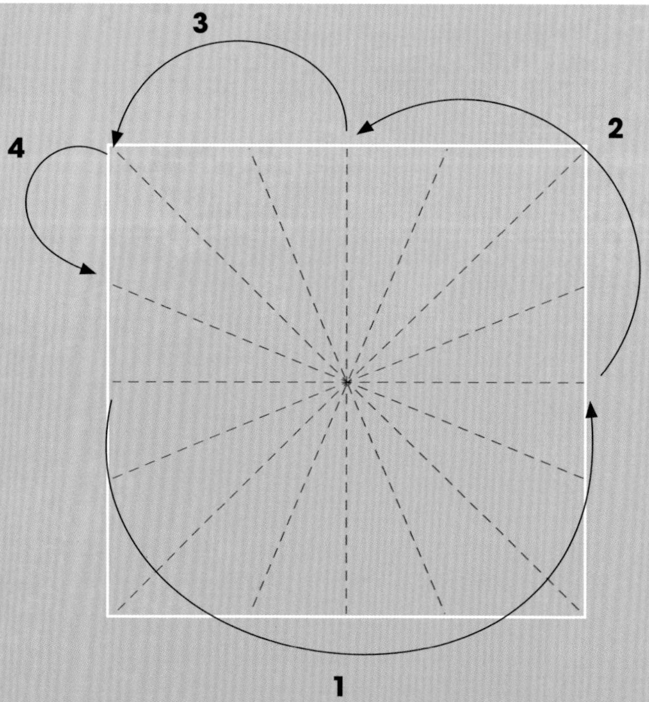

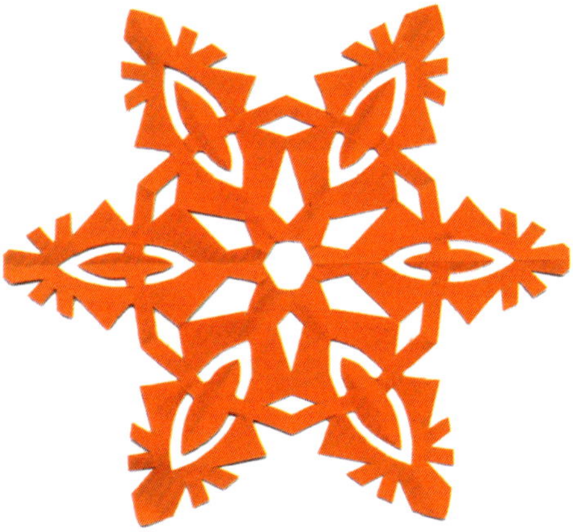

Stachelflocke

Lassen Sie sich anstacheln! Achten Sie darauf, dass die Verbindungen nicht zu fein werden, sonst verliert die Flocke ihre Stacheln.

12

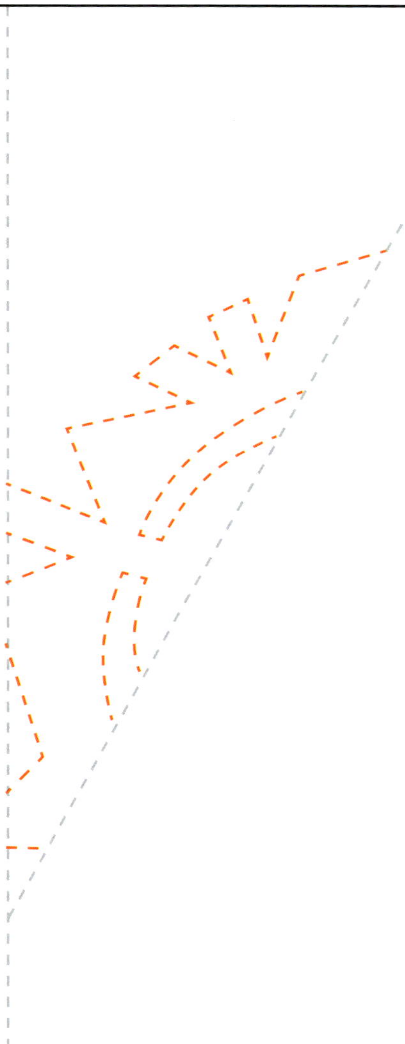

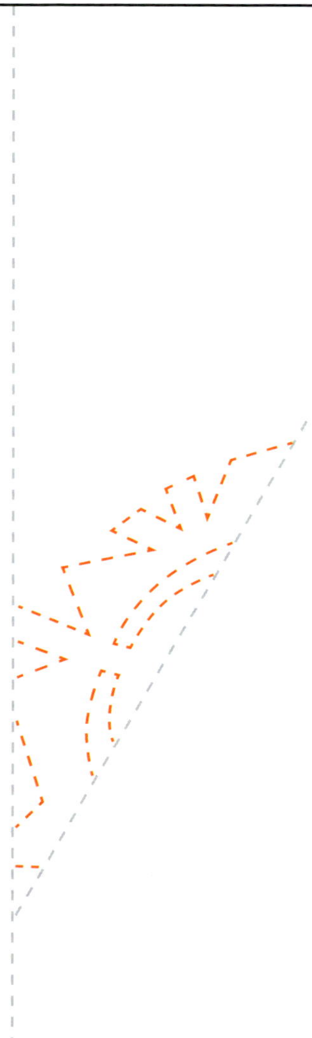

Sternenzauber

Weihnachten wäre ohne Sterne nur halb so schön. Diese Schneeflocke bringt Festtagsstimmung in Ihr Zuhause.

16

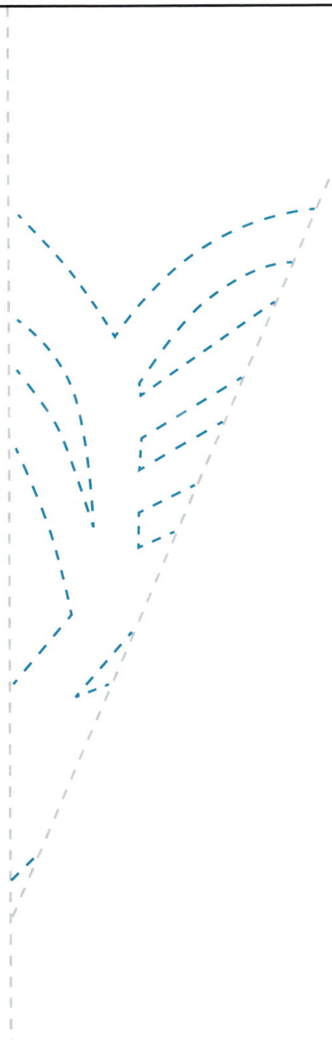

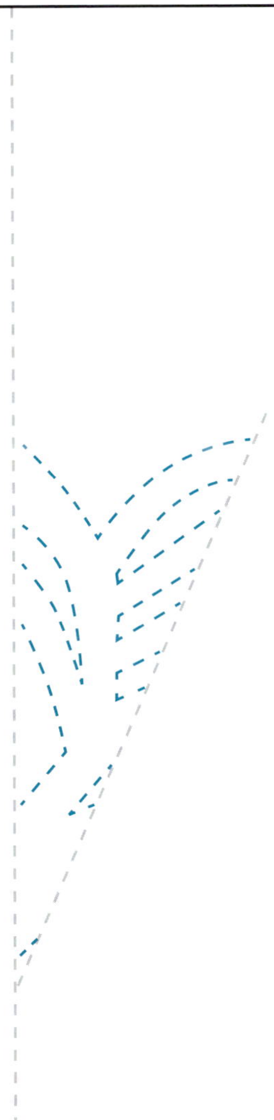

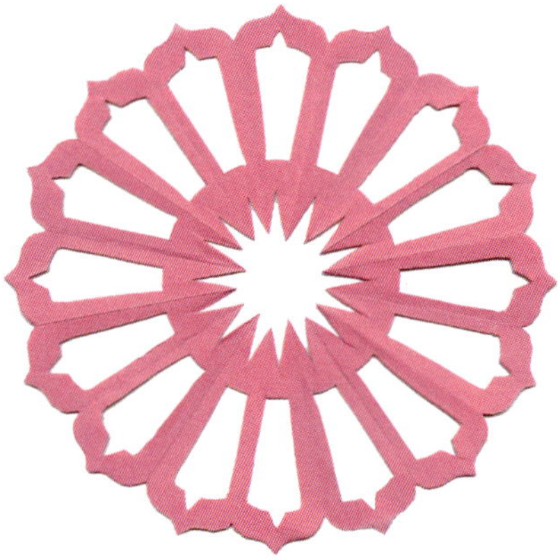

Kerzenschein

Kerzen gehören zu Weihnachten einfach dazu. Dieser Kerzenschein versprüht weihnachtlichen Glanz.

16

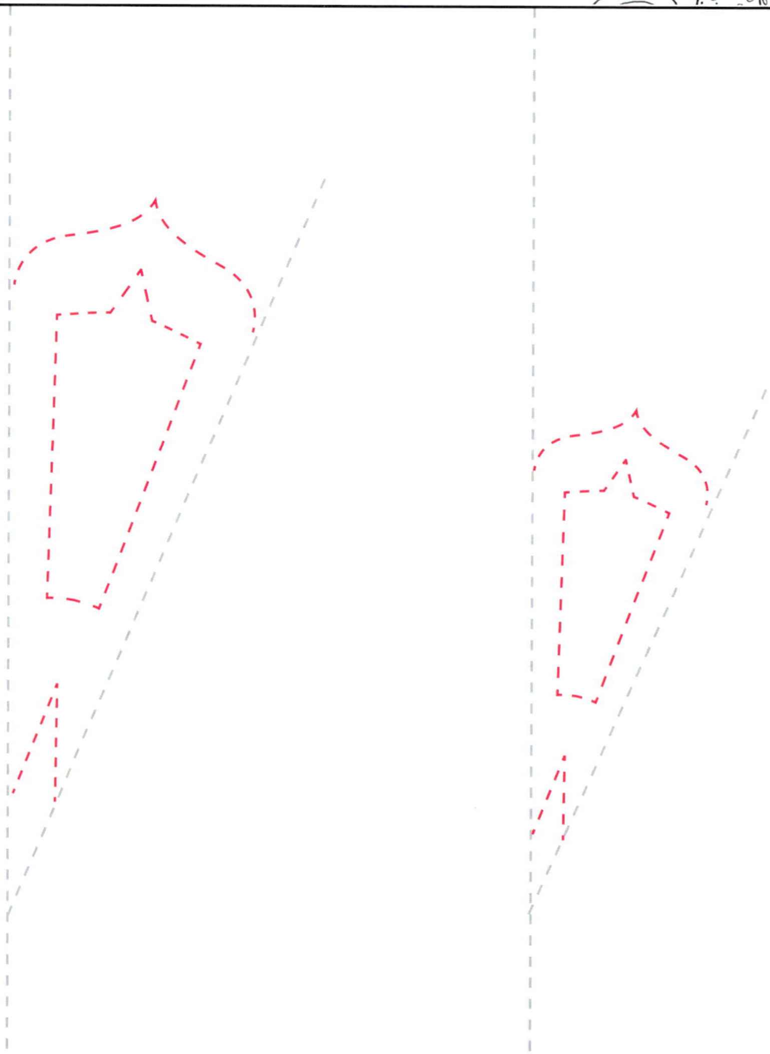

Schneeflocke de Luxe

Sind Sternenzauber und Kerzenschein gut geglückt? Dann wagen Sie sich an das Ausschneiden dieser prachtvollen Schneeflocke.

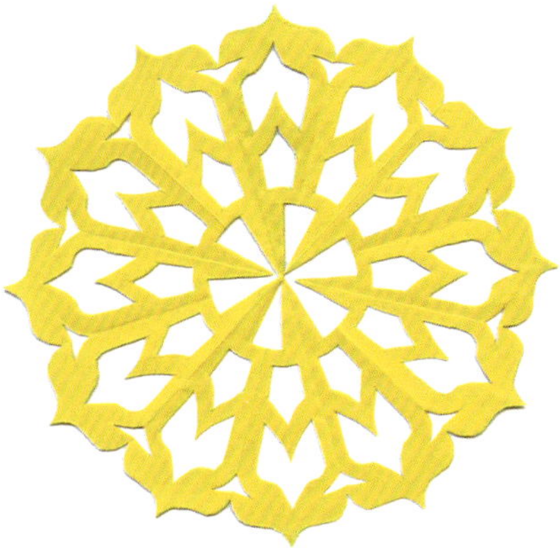

12

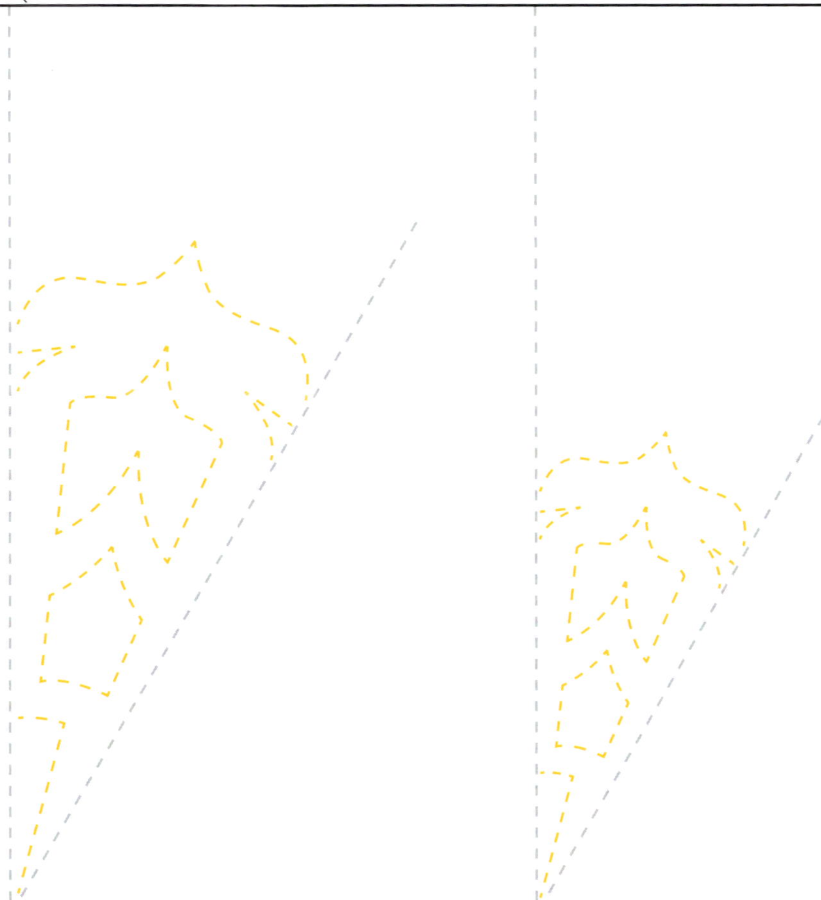

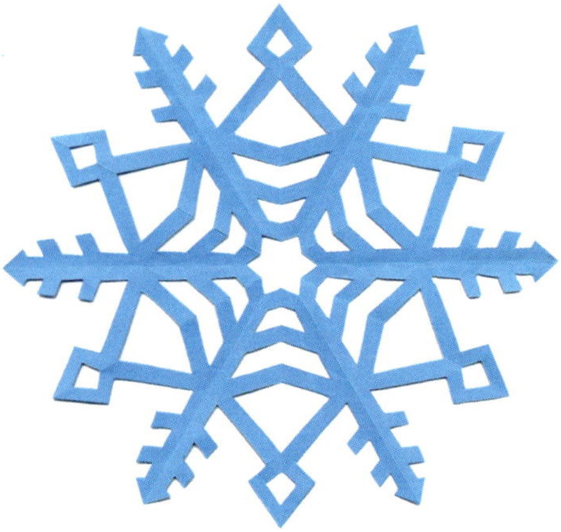

Schnee

Zeit für echte Schneeflocken!
Wenn diese Arbeit misslingt, dann wird daraus eben ein Schneeball.

12

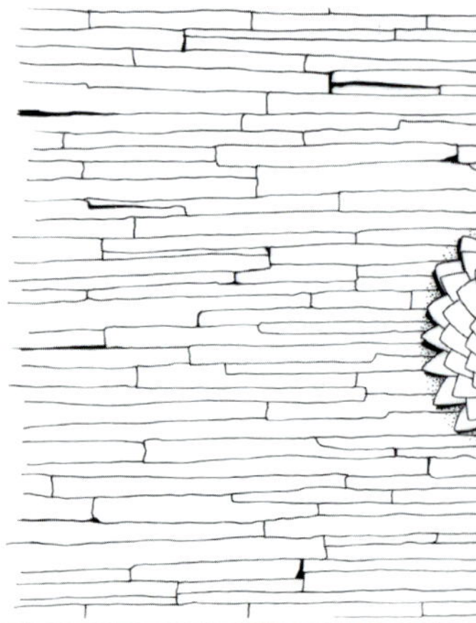

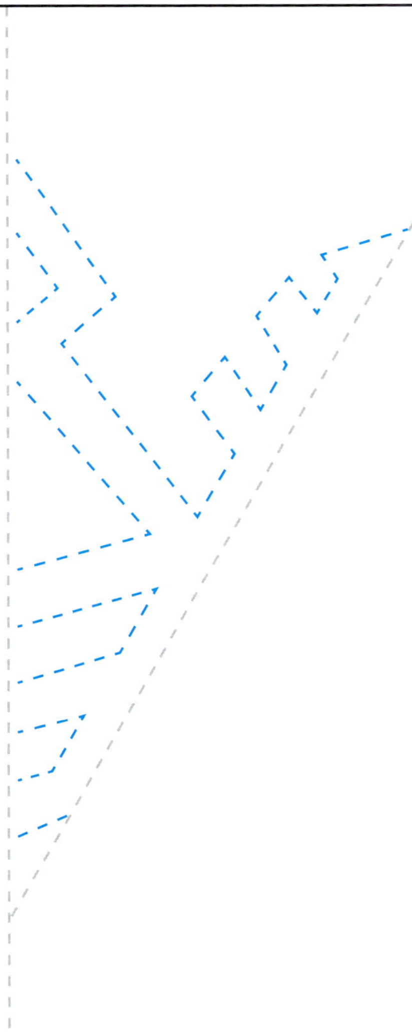

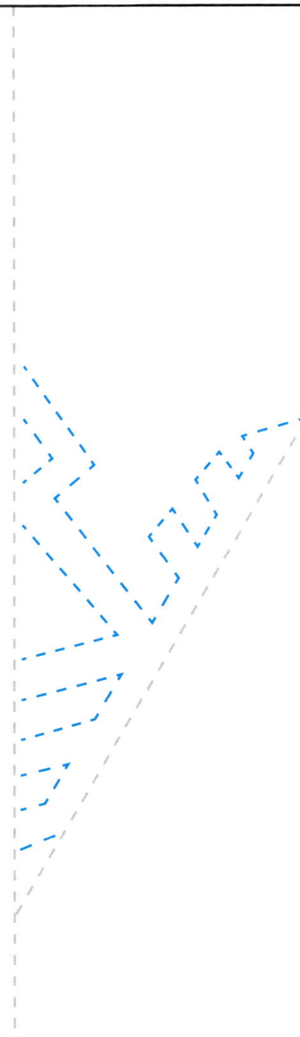

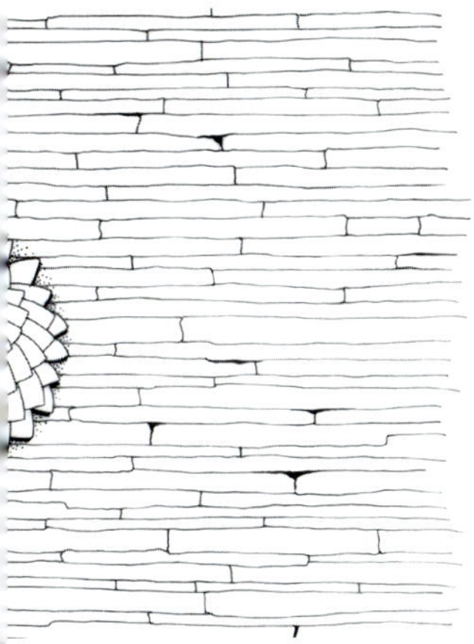

Eiskristall

Wenn Sie schon etwas Übung haben, können Sie ganz fix diese Flocke basteln. Halten Sie sie gut fest, denn sie verschiebt sich schnell!

8

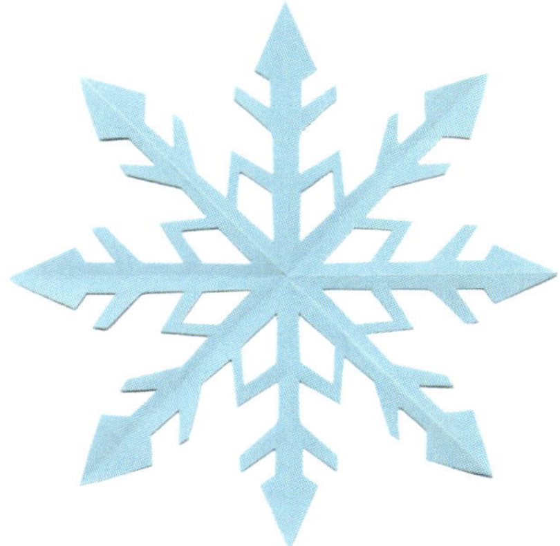

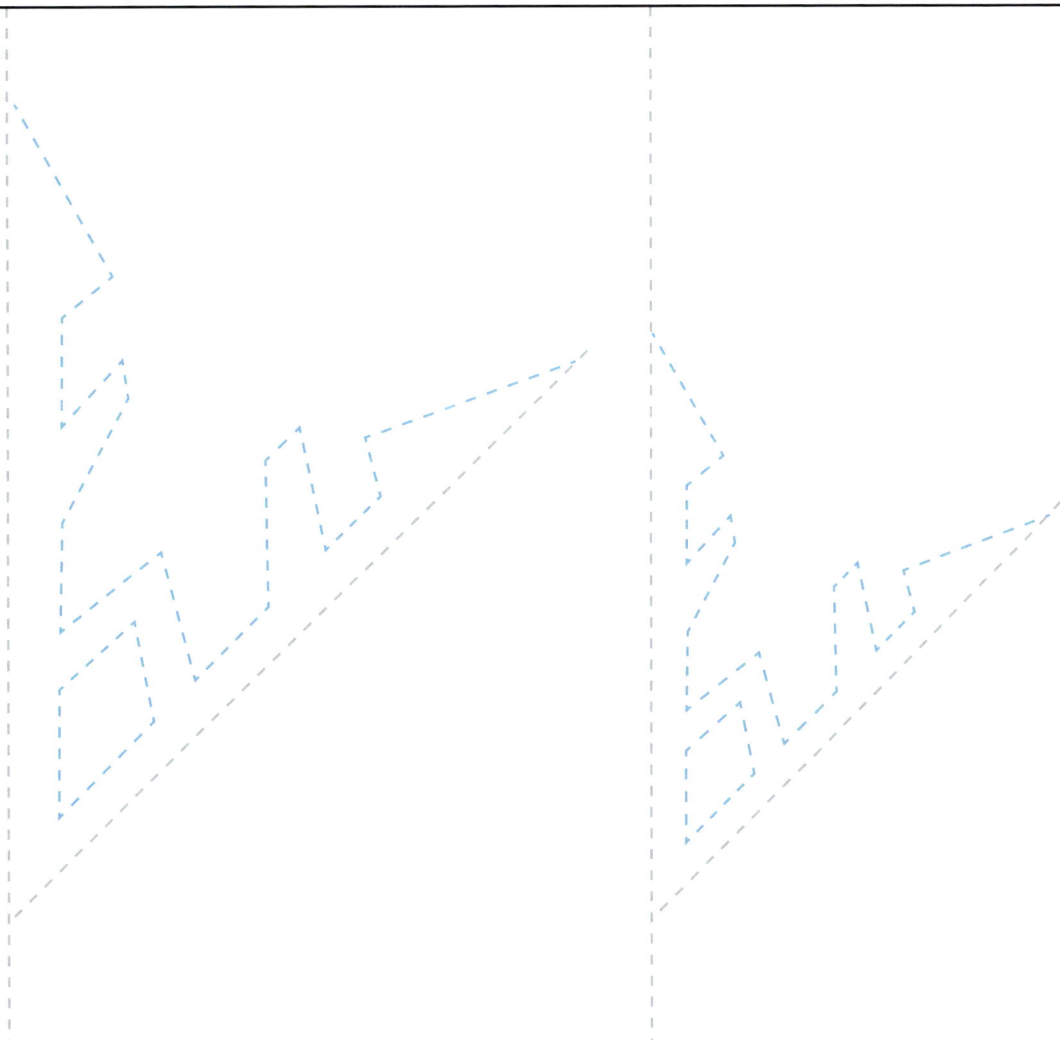

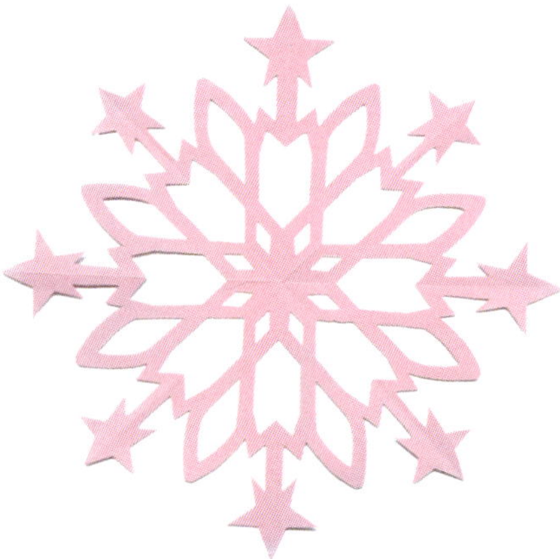

Sternenstaub

Diese Schneeflocke ist eine Kombination aus Schneeflocke und Weihnachtsstern – die perfekte Dekoration für die Weihnachtszeit.

8 ★★★☆

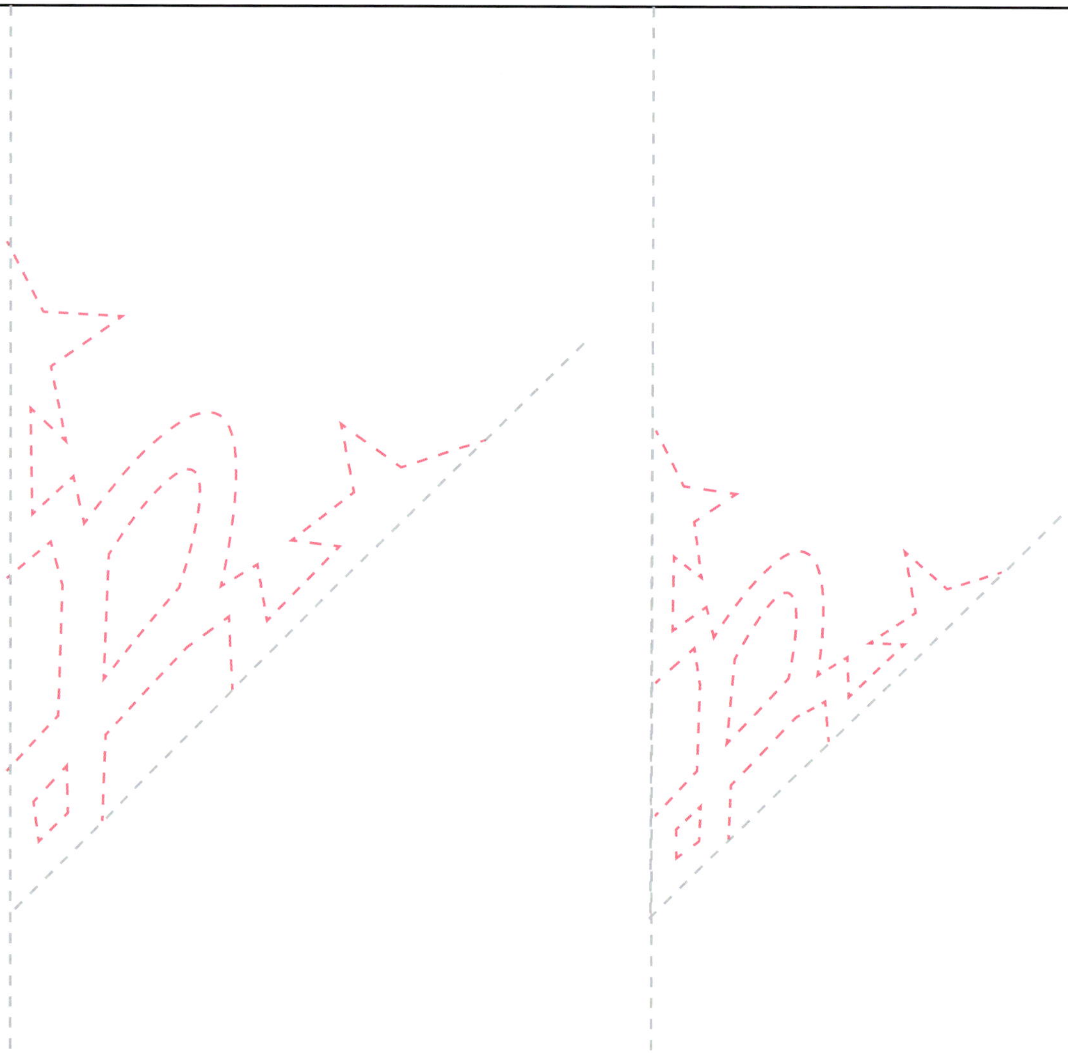

Weihnachtsbaum

Basteln Sie diese Flocke in verschiedenen Farben und Größen und schmücken Sie damit Ihren Weihnachtsbaum.

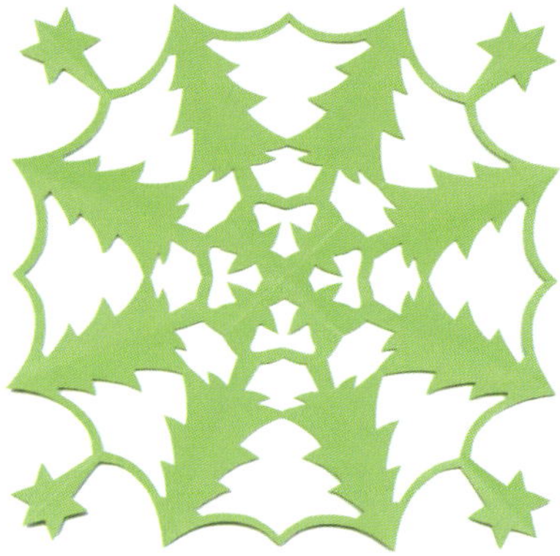

8

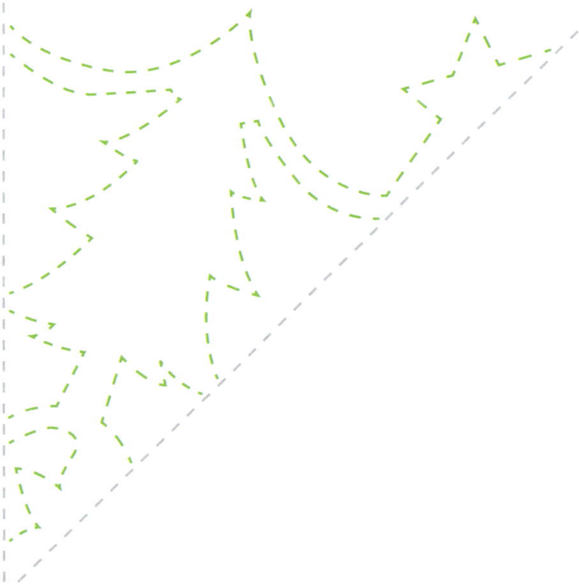

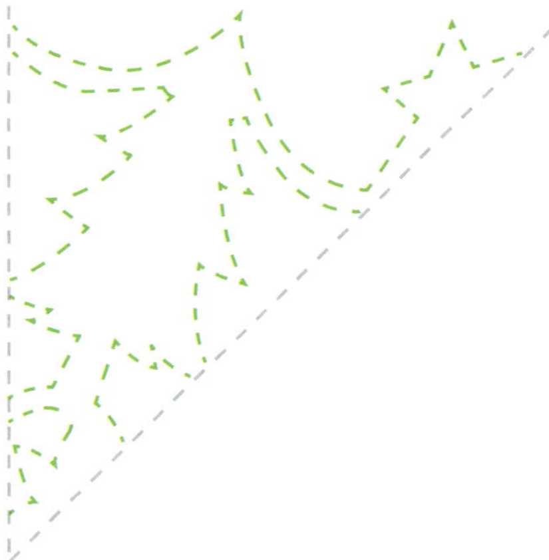

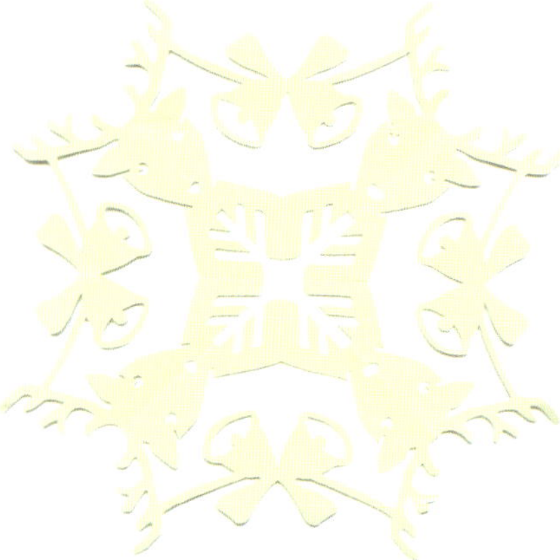

Rudolf

Rudolf mit seiner roten Nase sieht neben diesem Exemplar blass aus. Arbeiten Sie die kleinen Einkerbungen vorsichtig mit einem Messer.

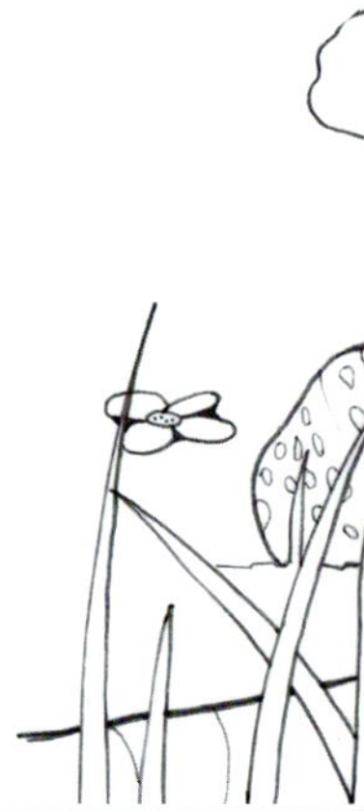

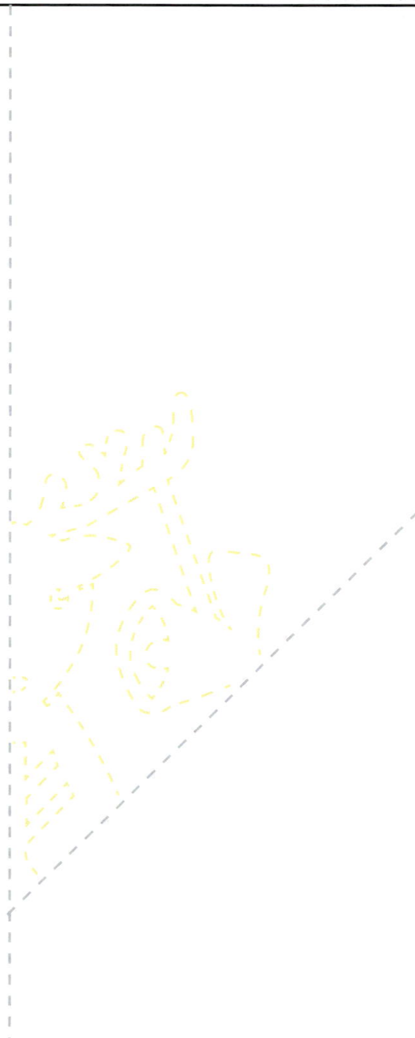

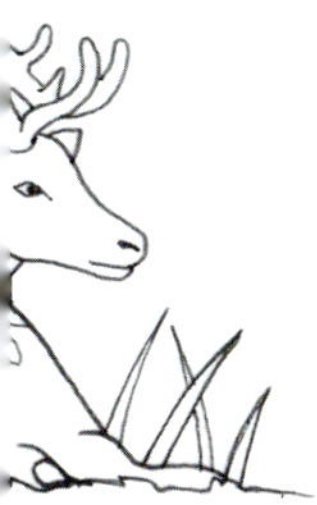

Christbaumschmuck

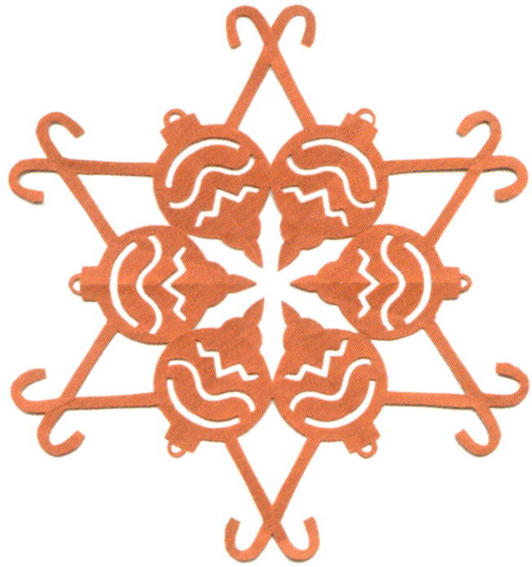

Es ist doch jedes Jahr wieder ein besonderer Moment, wenn Sie die Kiste mit dem Christbaumschmuck vom Dachboden holen! Welche Farbe bekommt Ihr Baum in diesem Jahr?

12

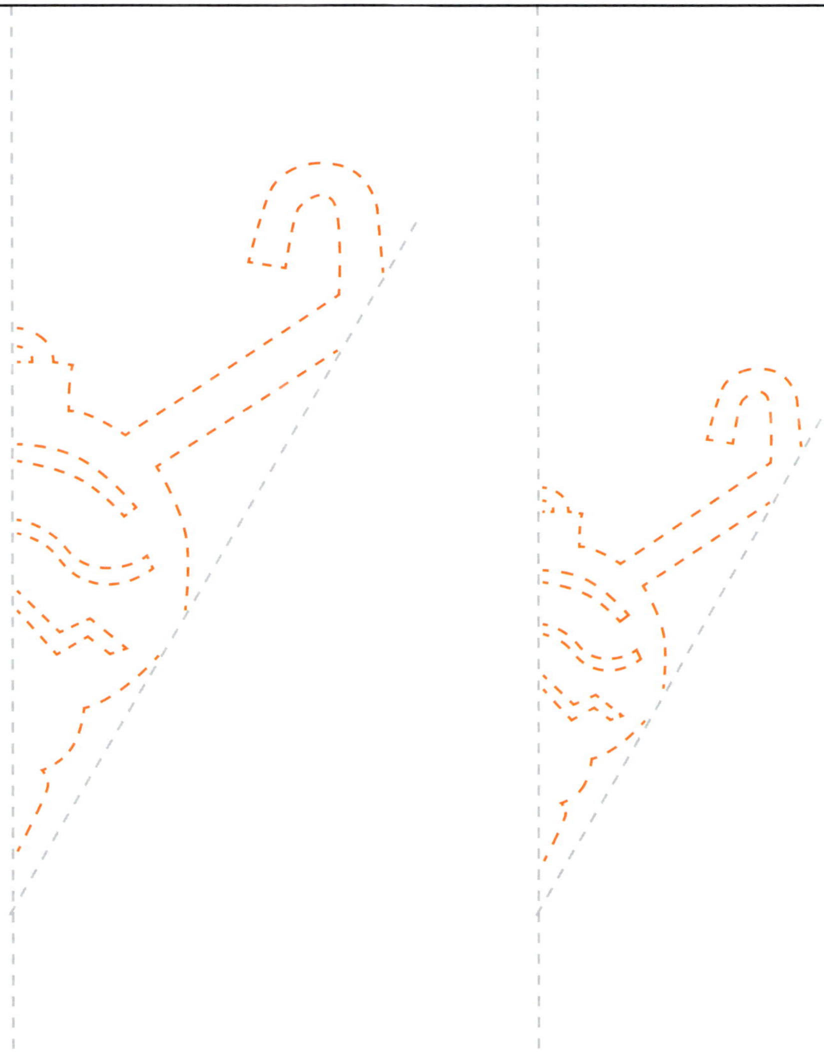

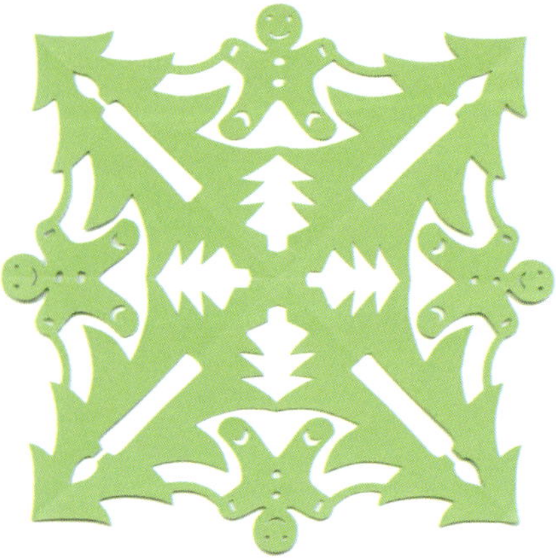

Lebkuchenmann

Eine fröhliche Kombination aus Tannenbäumen und Lebkuchenmännern. Wunderbar als Untersetzer für ein Teelicht.

8

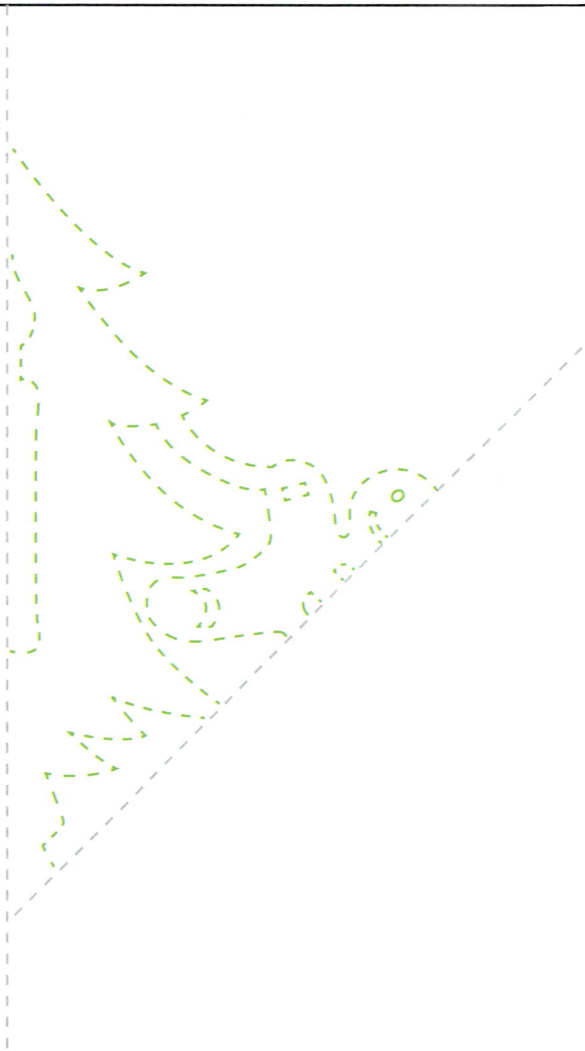

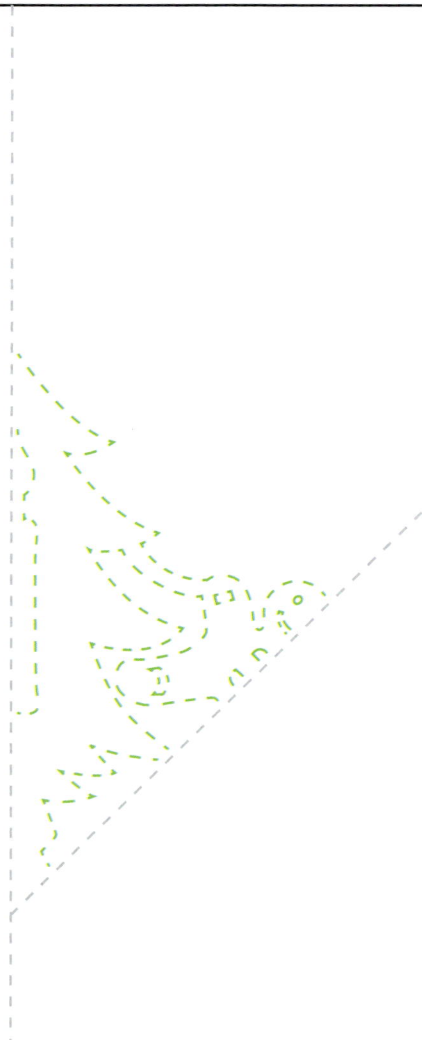

Schneemann

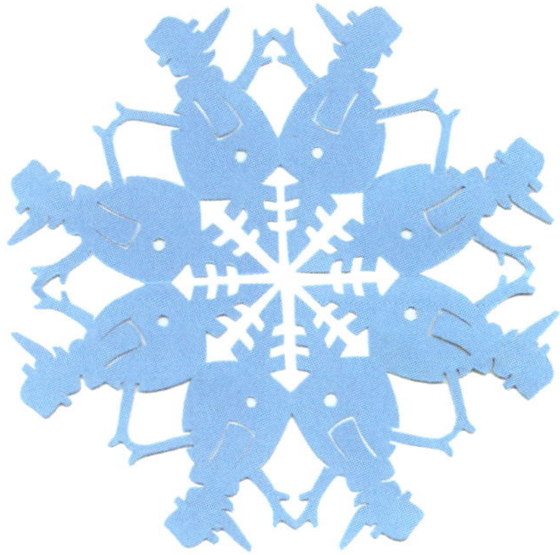

Zum Winter gehören Schnee und Schneemann unbedingt dazu. Schneiden Sie diese acht Schneemänner aus und zaubern Sie eine heitere Winterlandschaft mit fröhlichen Schneemännern.

8

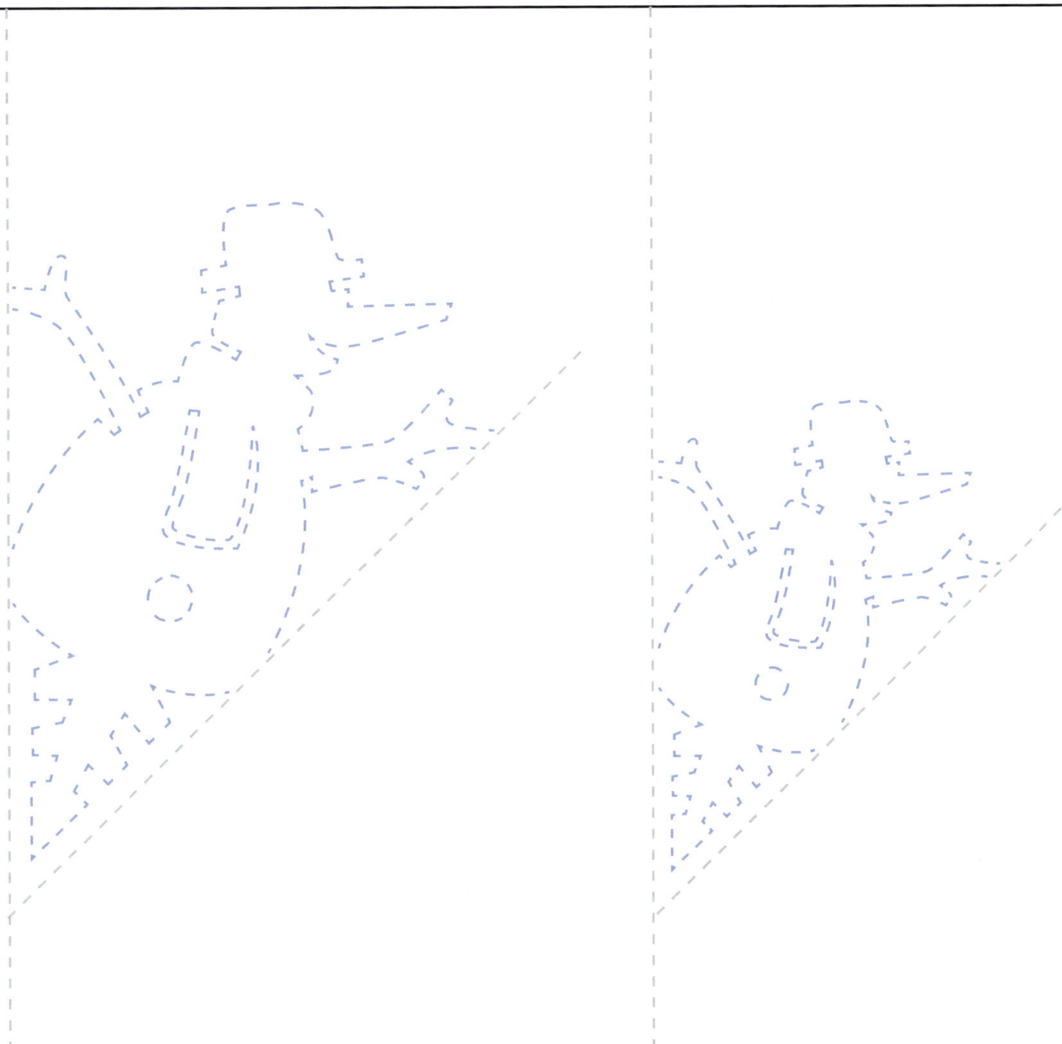

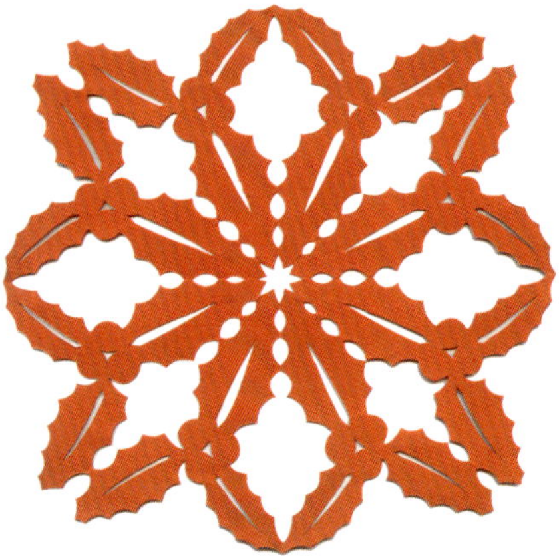

Stechpalmenblatt

Sie möchten in diesem Jahr nicht von Stechpalmenblättern gepikst werden? Dann basteln Sie Blätter aus Papier, denn davor müssen Sie sich nicht in Acht nehmen.

8

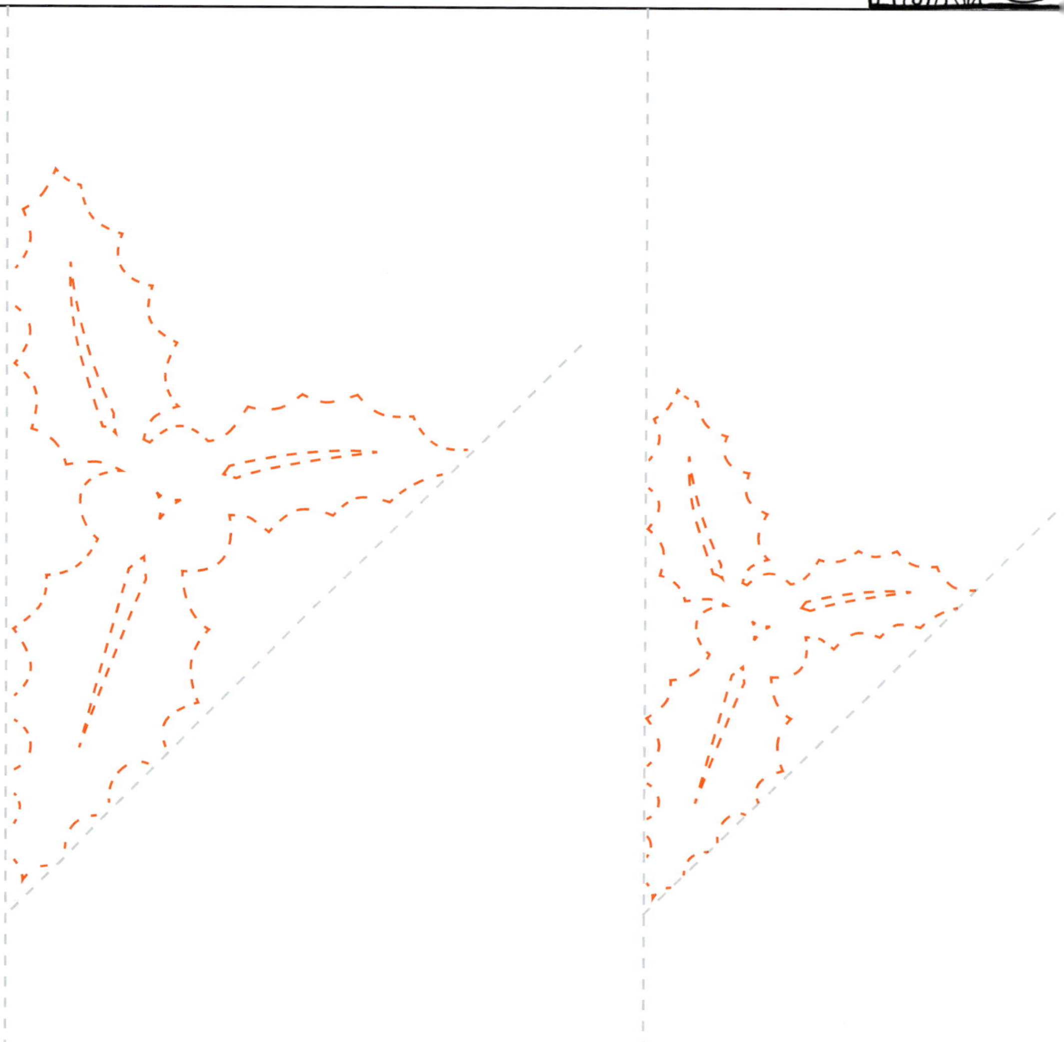

Glück und Segen

Das Glück findet sich häufig in den kleinen Dingen – oder in selbst gebastelten Schneeflocken. Mit dieser Schneeflocke können Sie Glück und Segen zu Weihnachten verschenken.

8

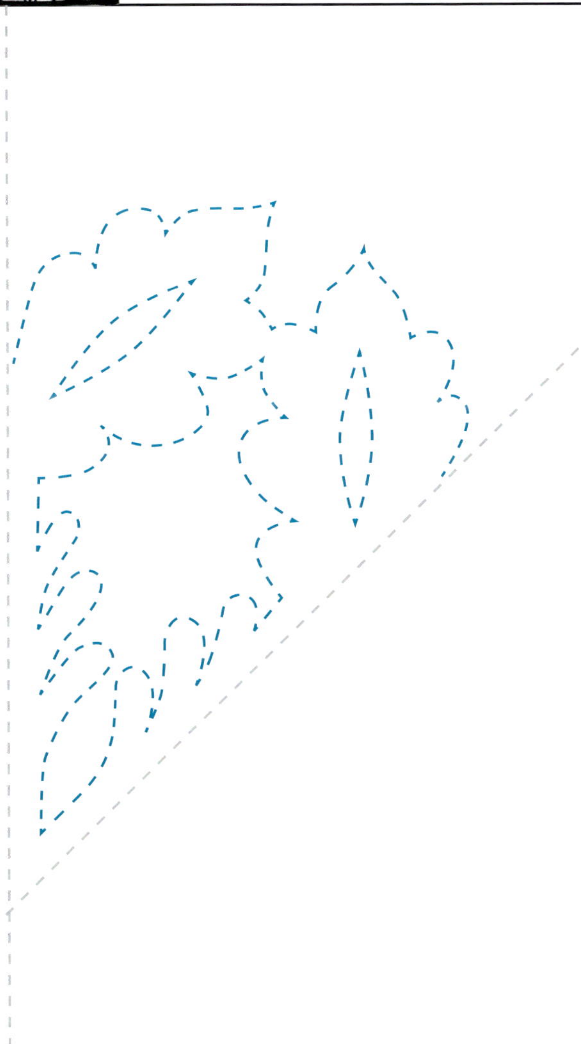

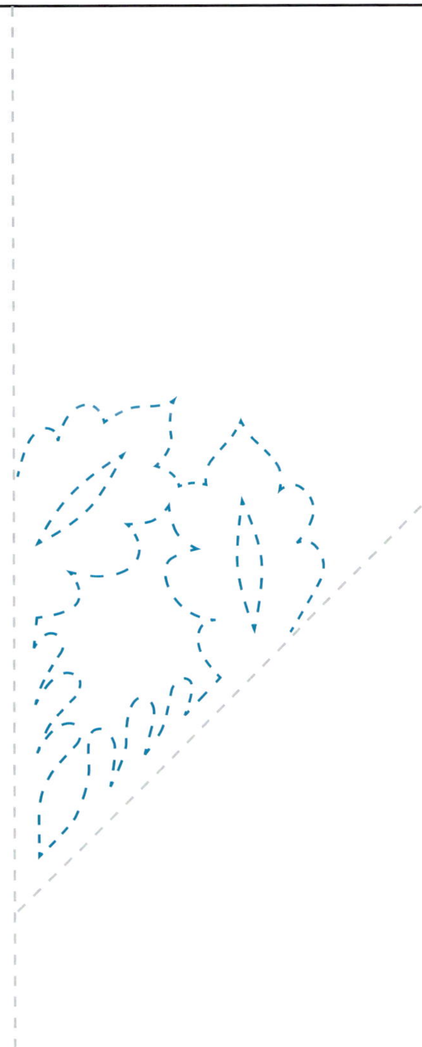

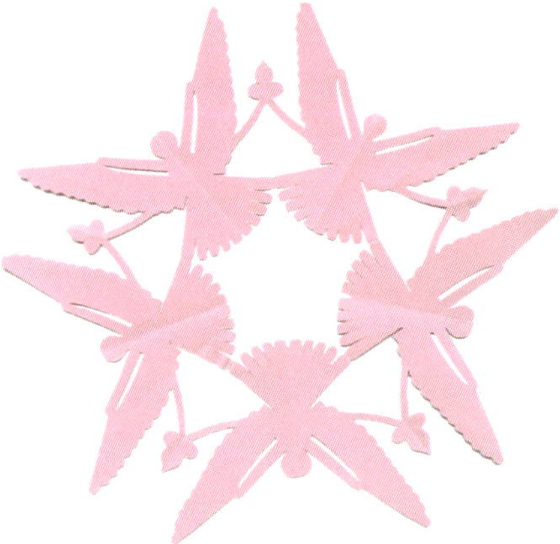

Engel

Was für eine reizende weihnachtliche Bastelidee als Untersetzer, Girlande, Kranz oder Mobile. Mit diesen Engeln ist Alles möglich

10

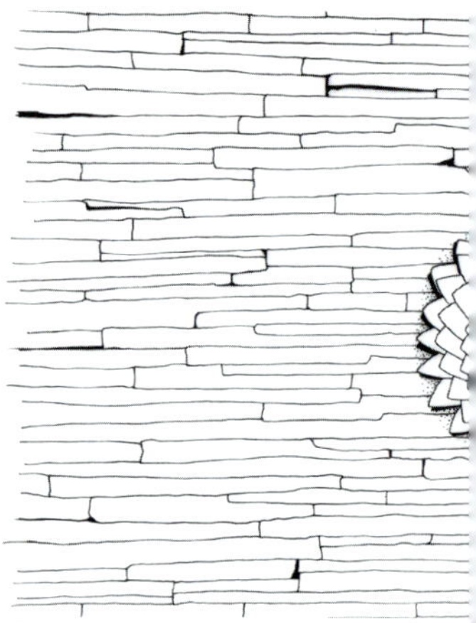

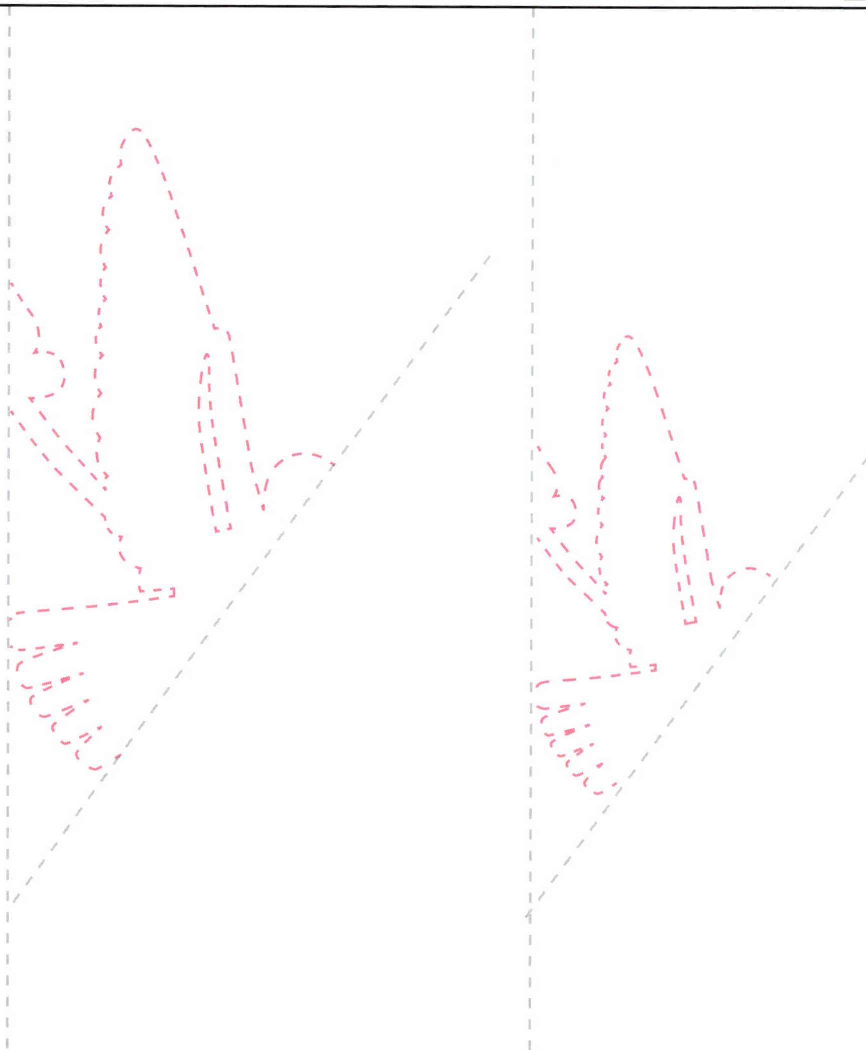

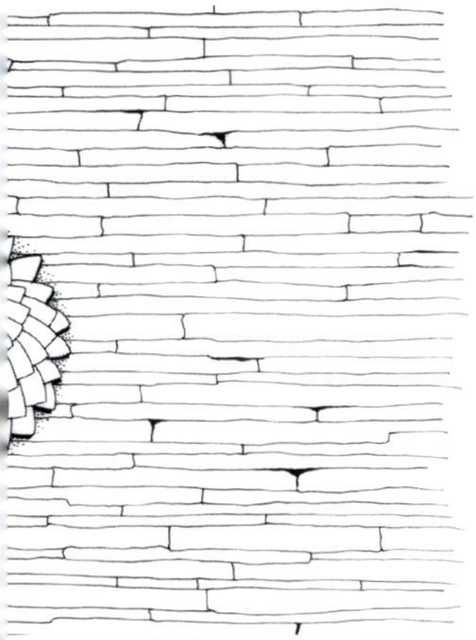

Lichterglanz

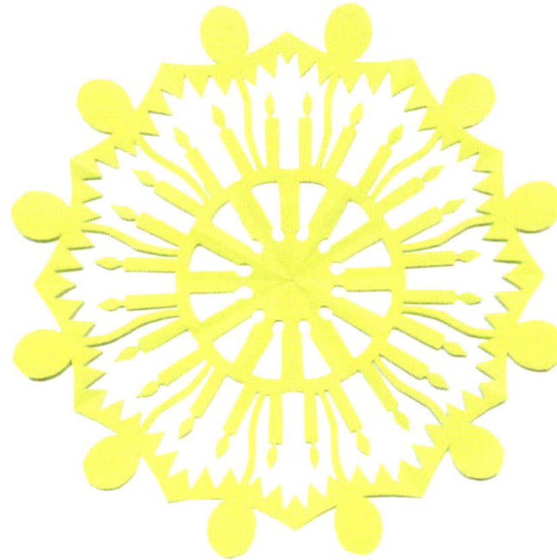

Diese Lichter können nicht nur den Adventskranz, sondern auch den Weihnachtsbaum schmücken. Sie zaubern Lichterglanz zur Weihnachtszeit.

12

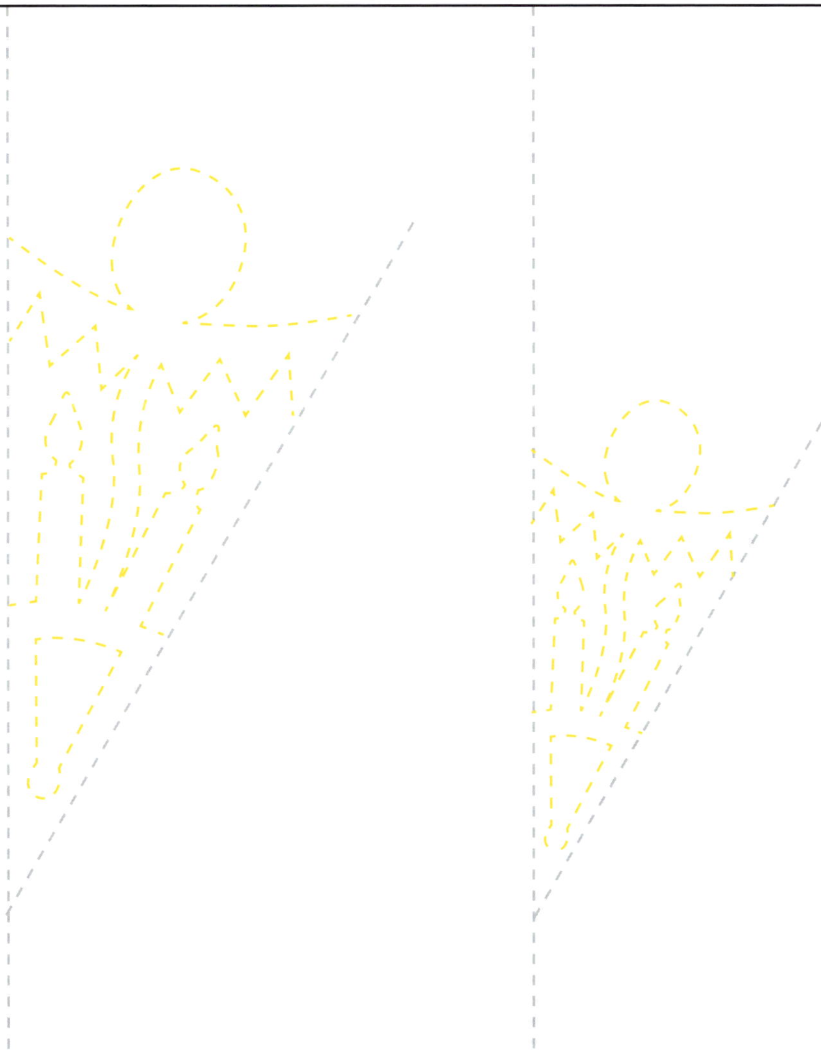

Klingelingeling

Klingeling, ding, dong läuten die Glocken. Der volle, weiche Klang verbreitet Weihnachtsstimmung.

12

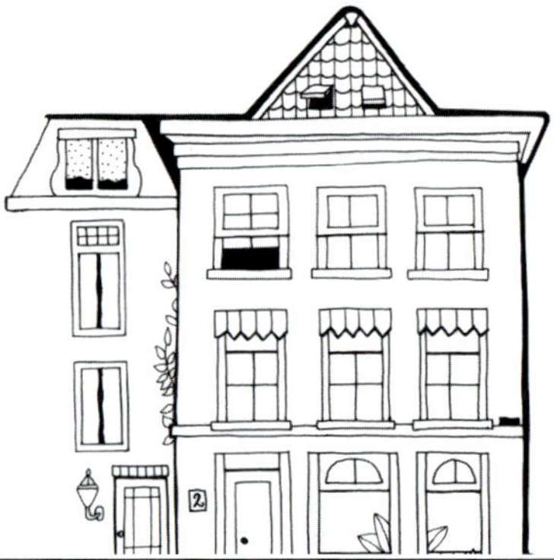

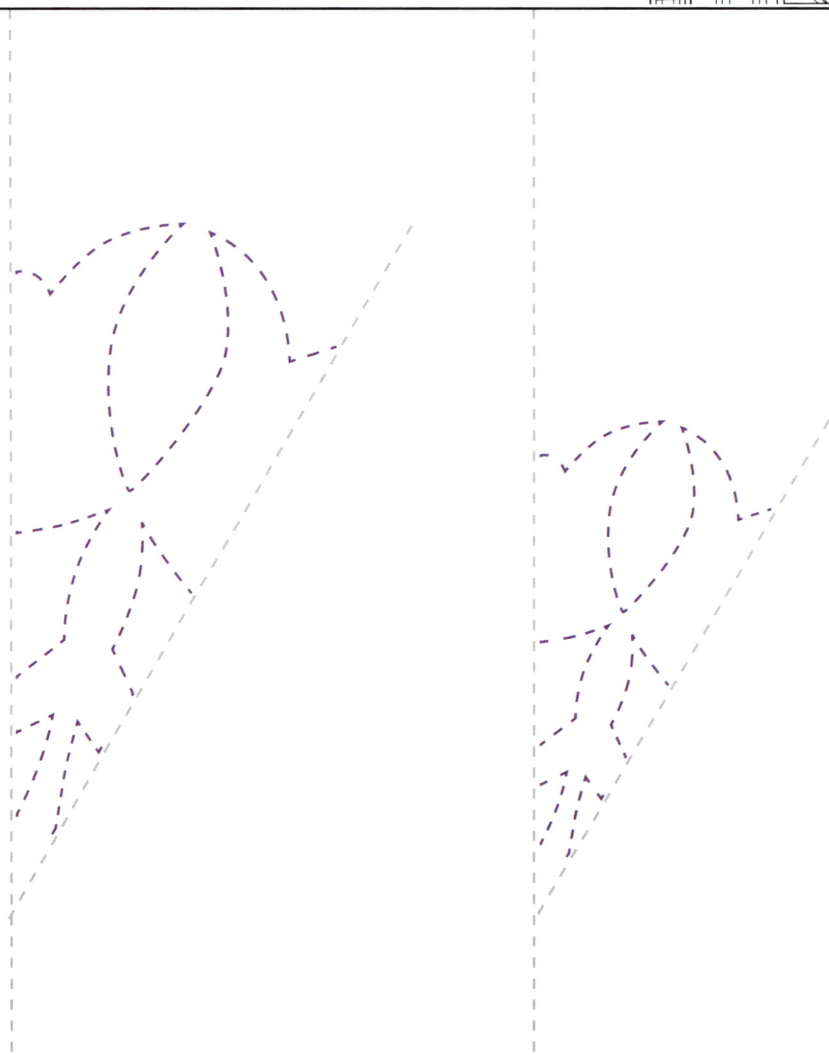

Weihnachtsstern

Schneiden Sie die filigranen Formen aus und erhalten sie einen zauberhaften einmaligen Weihnachtsstern. Perfekt, um den Weihnachtsbaum oder das Fenster zu dekorieren.

16

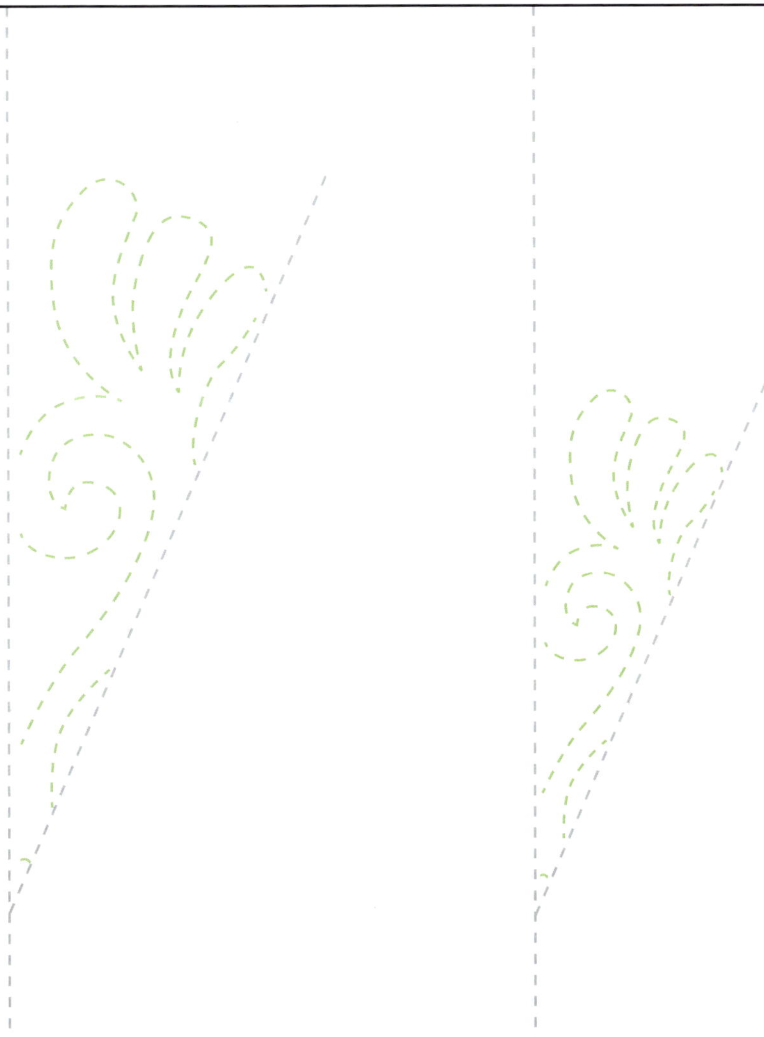

Feuerwerk

Nicht jeder liebt Feuerwerke,
aber über diese Knaller
freuen sich alle.

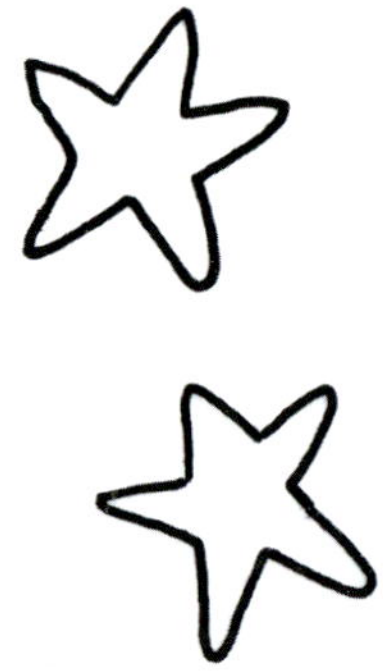

16 ★☆☆☆

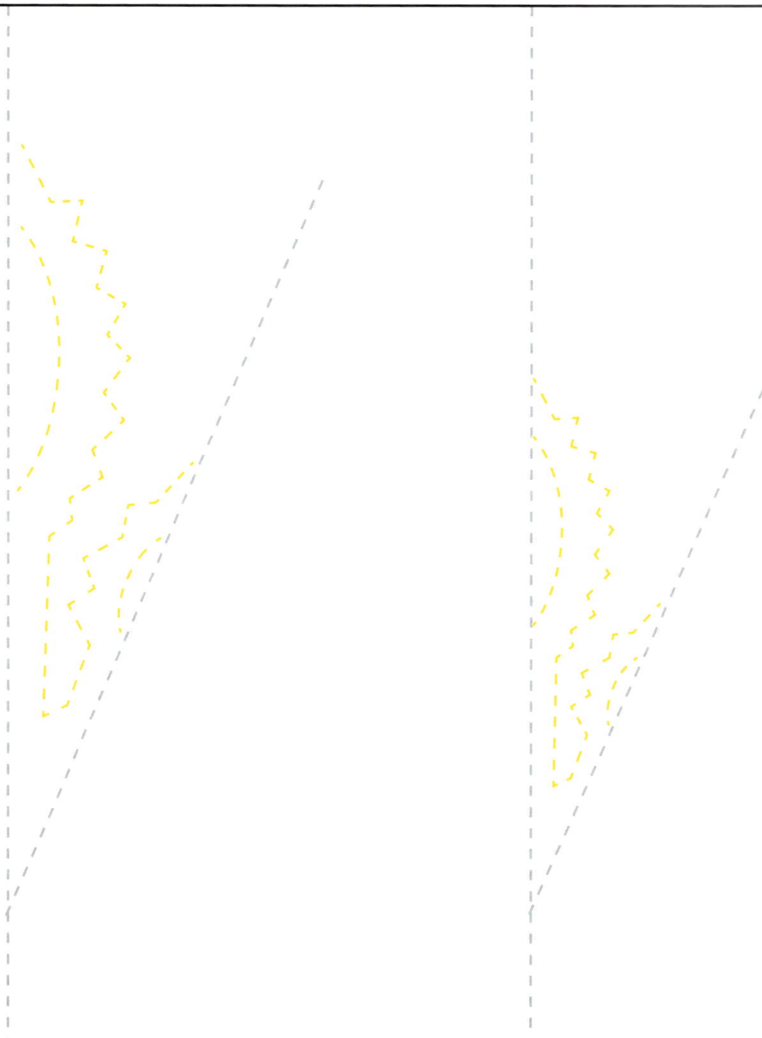

Sternraketen

Ich heb ab, nichts hält
mich am Boden. Ab hinauf
zu den Sternen.

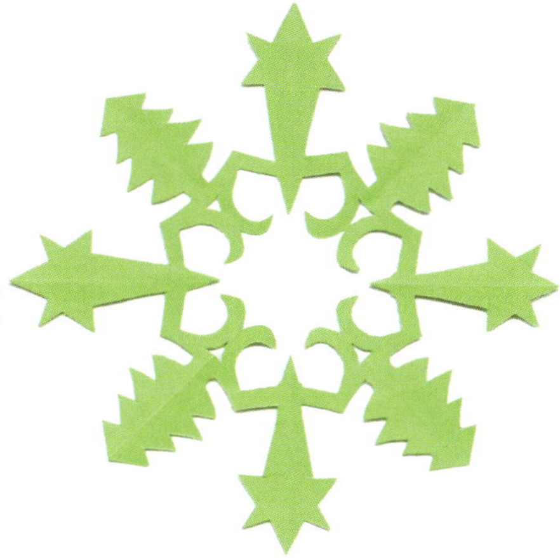

8

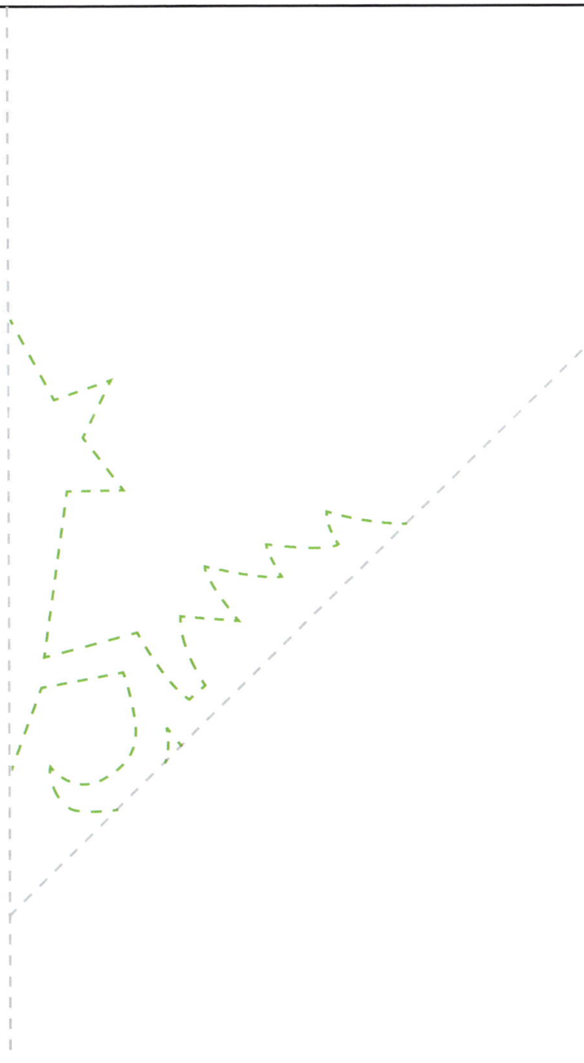

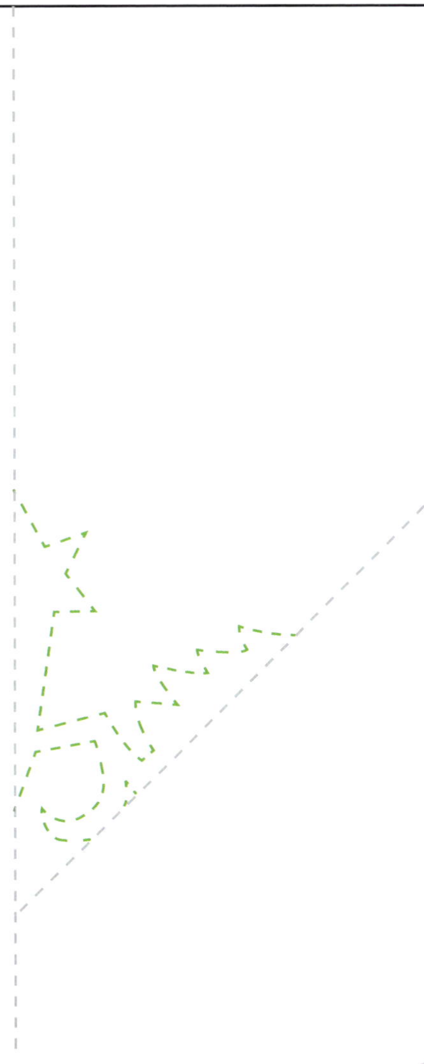

Rosa Band

Mit einer Schleife sieht alles gleich viel hübscher aus. Schneiden Sie diese für Ihre beste Freundin aus.

8

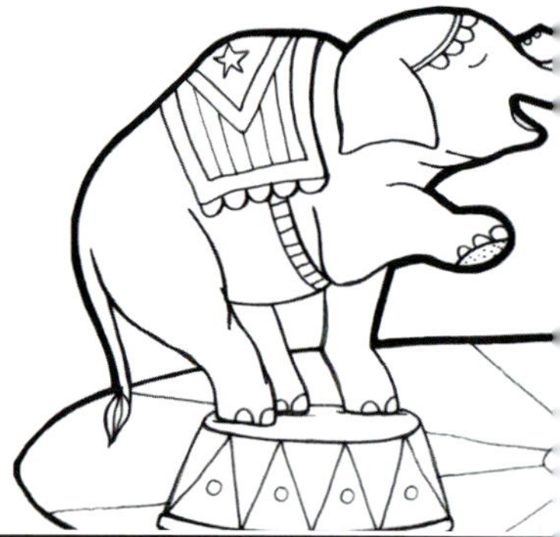

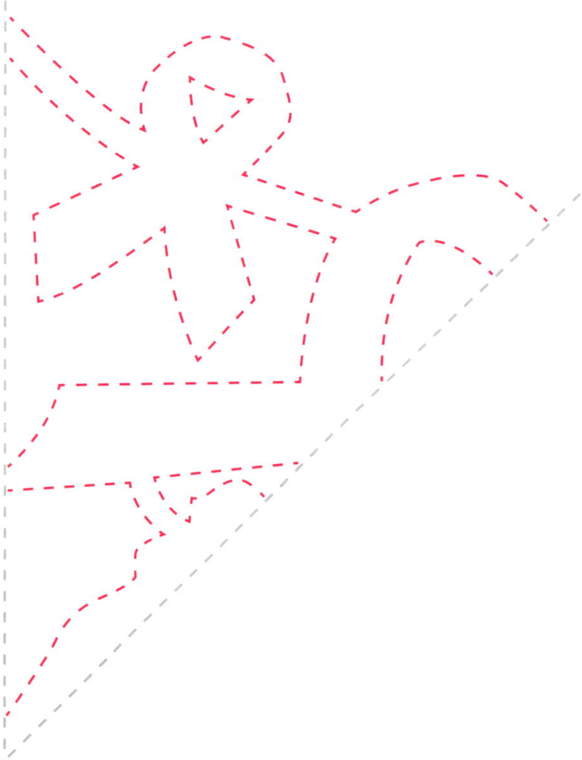

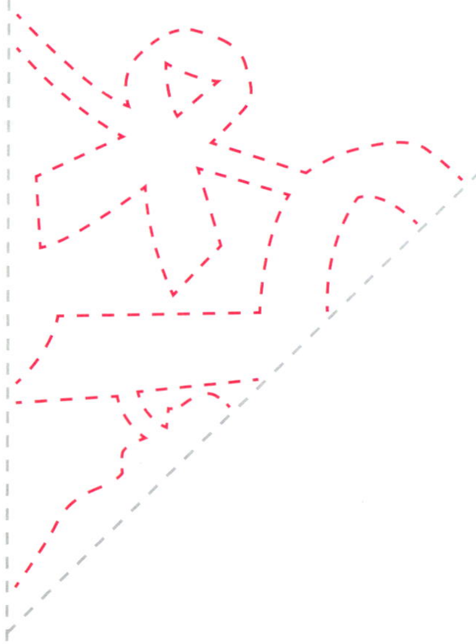

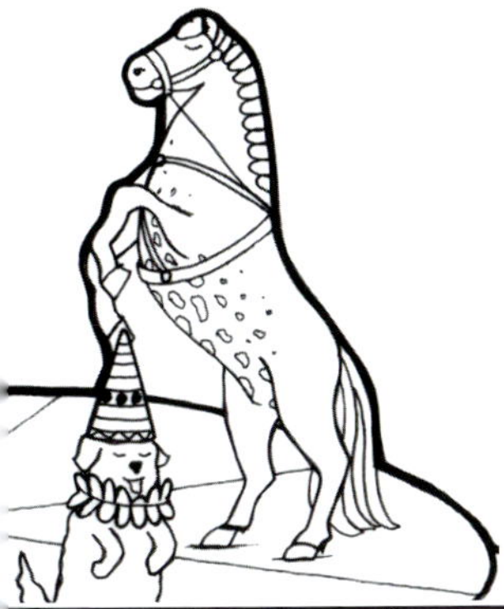

Liebesschleife

Durch die Liebe miteinander verbunden. Wen umgarnen Sie mit dieser hübschen Schneeflocke?

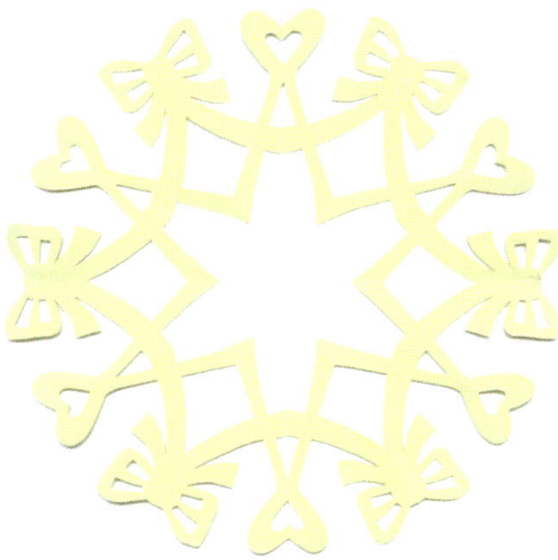

12

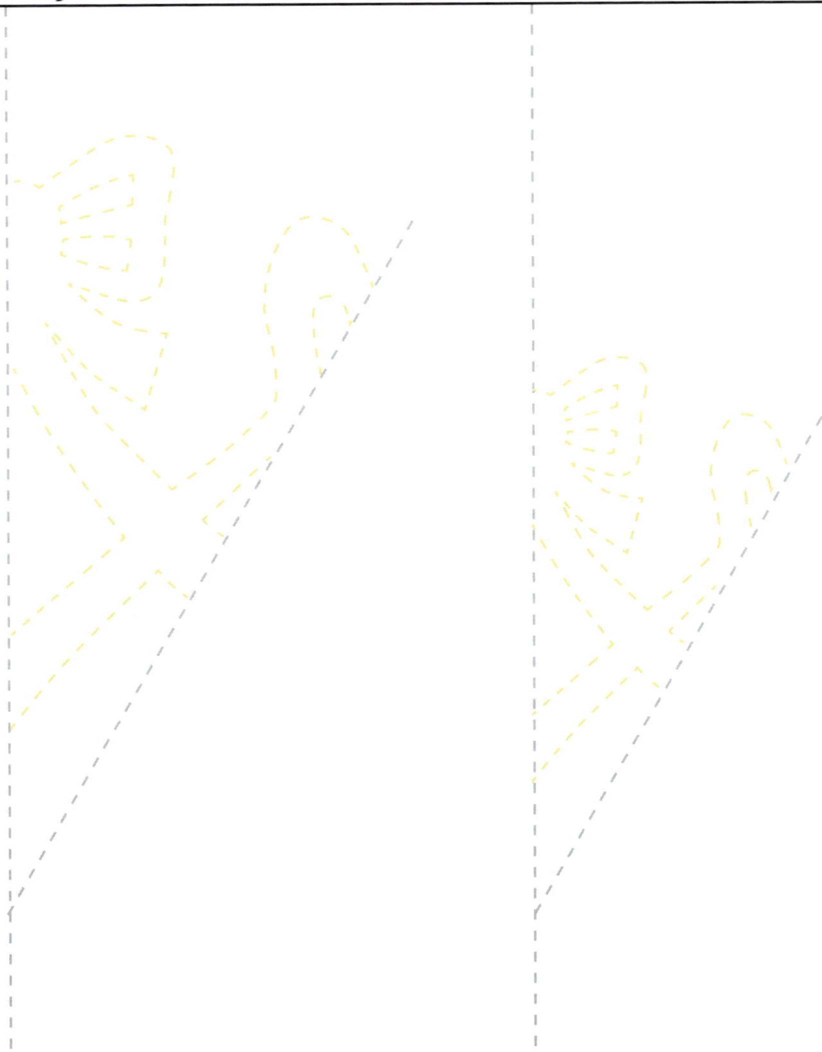

Für Opa

Weitaus origineller als ein Blumenstrauß. Opa freut sich bestimmt sehr darüber.

12

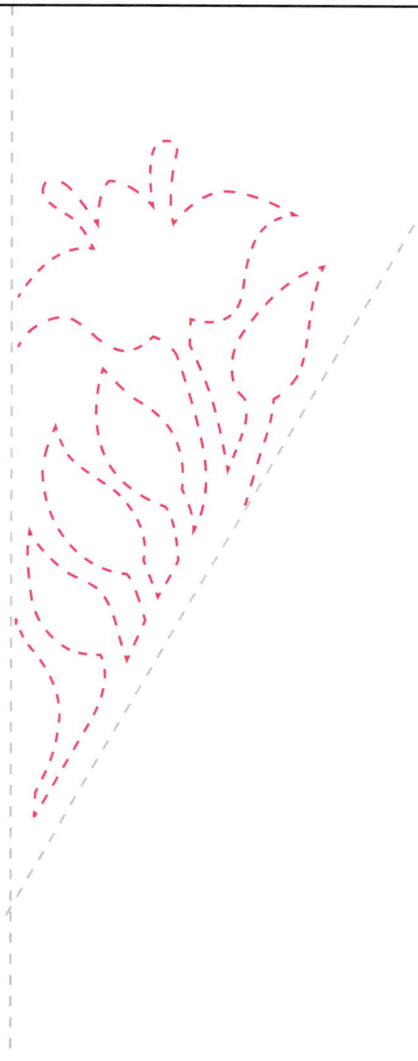

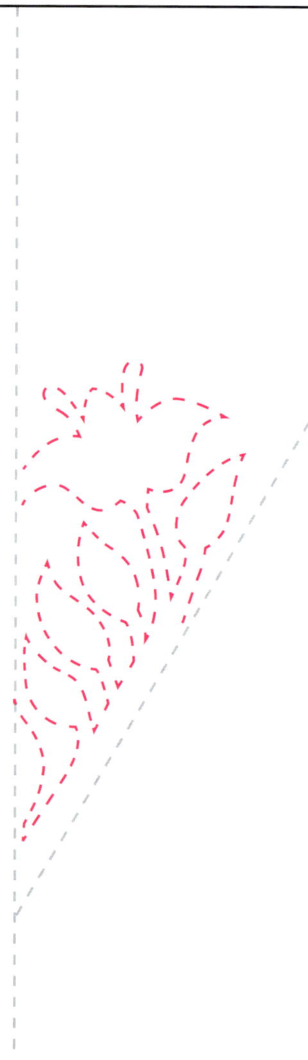

Für Oma

Oma liebt Prunk und Pracht. Überraschen Sie sie mit einer selbst gebastelten Flocke und Omas Tag ist gerettet.

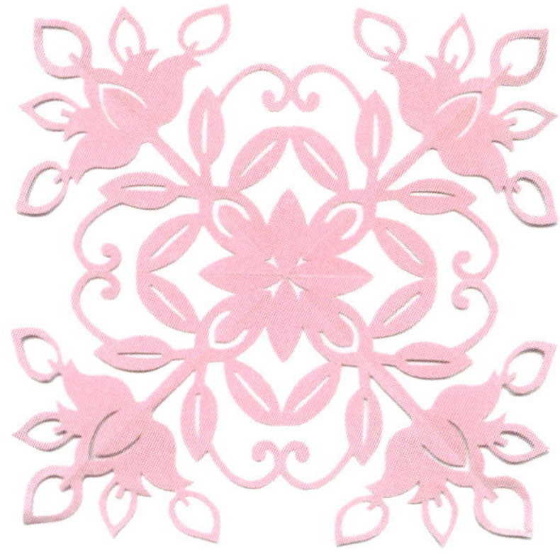

8

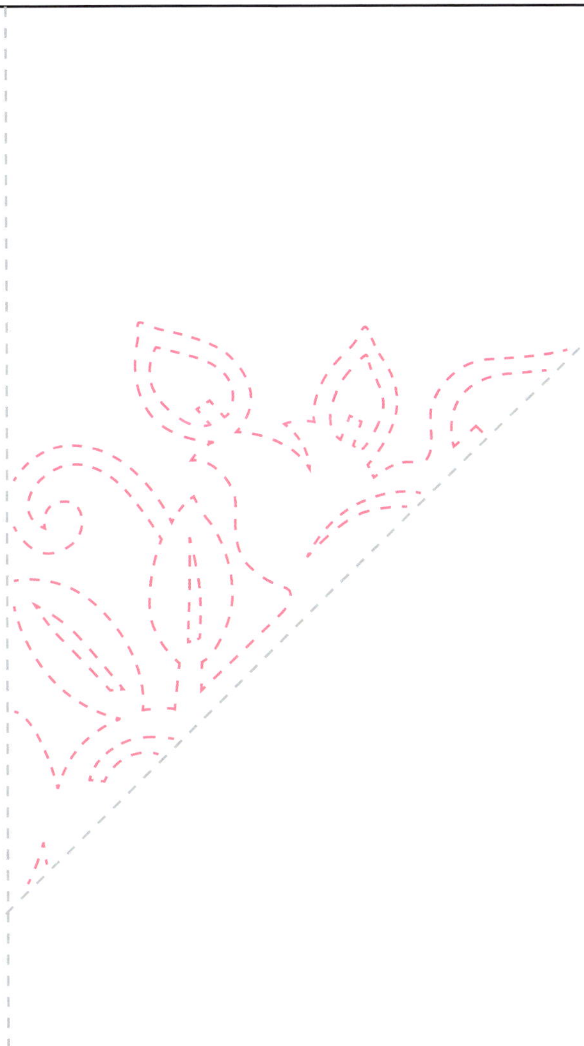

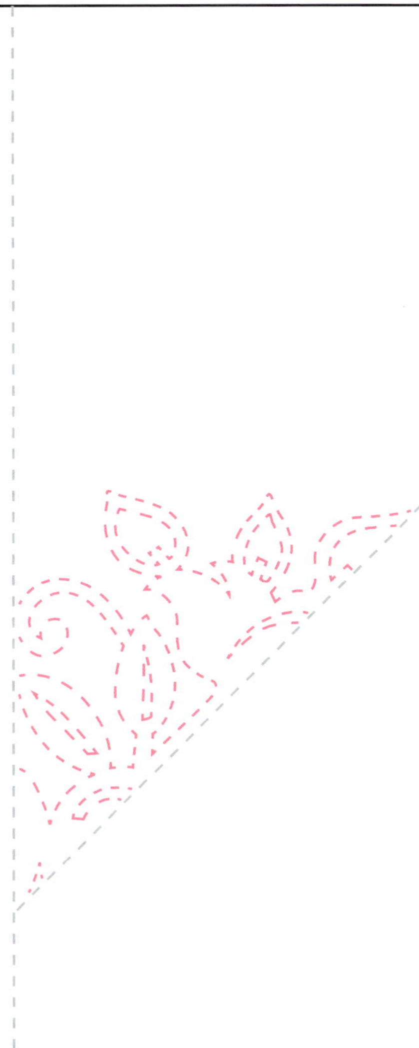

Festtagsstimmung

Wow. Diese prachtvolle Schneeflocke bringt Festtagsstimmung mit sich und verleiht ihrem Zuhause weihnachtlichen Glanz.

12

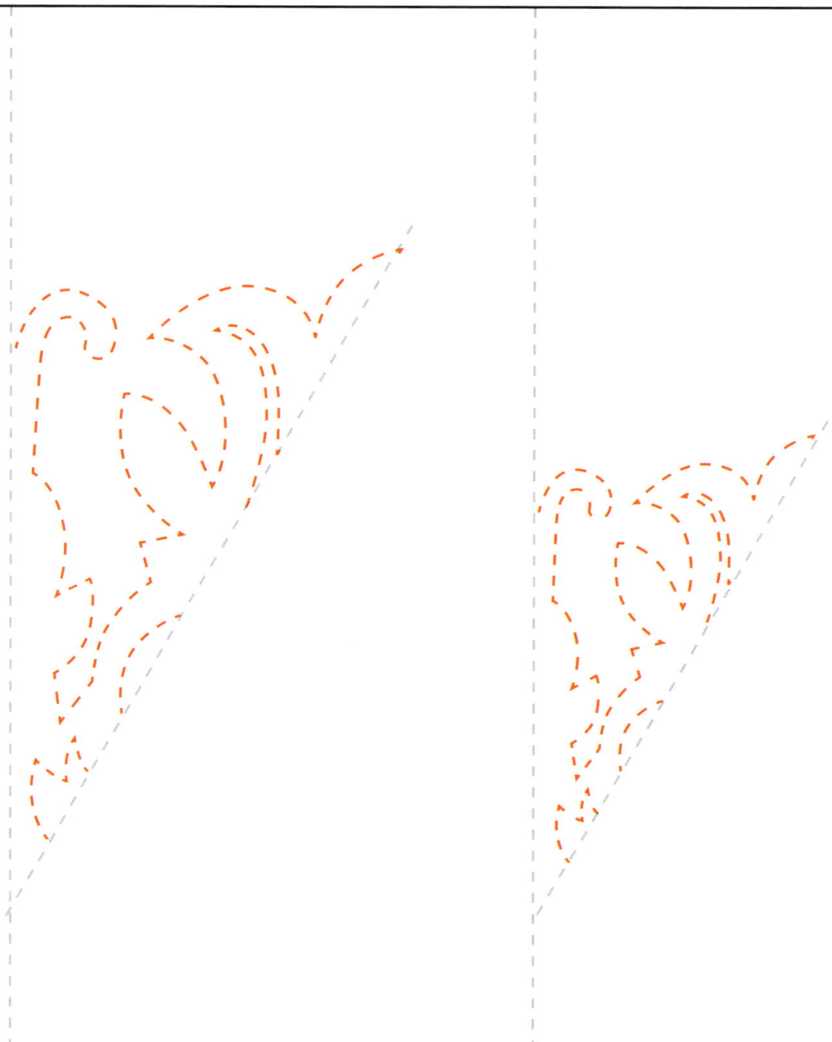

Herbstlaub

Viele kleine Tiere und Insekten überwintern unter dicken Laubdecken. Doch keine Angst! In dieser Flocke verstecken sich keine kleinen Krabbeltiere.

8

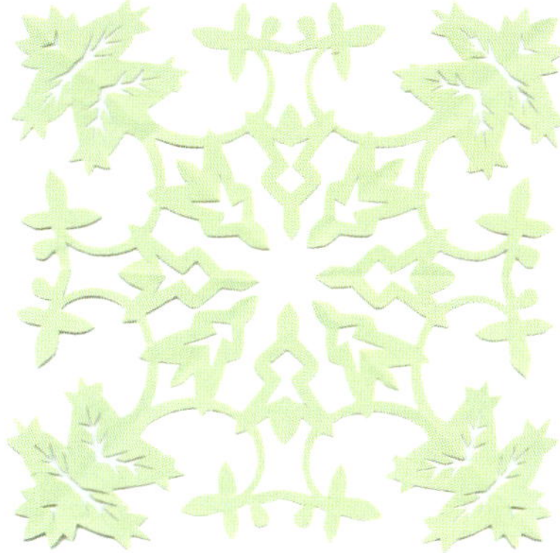

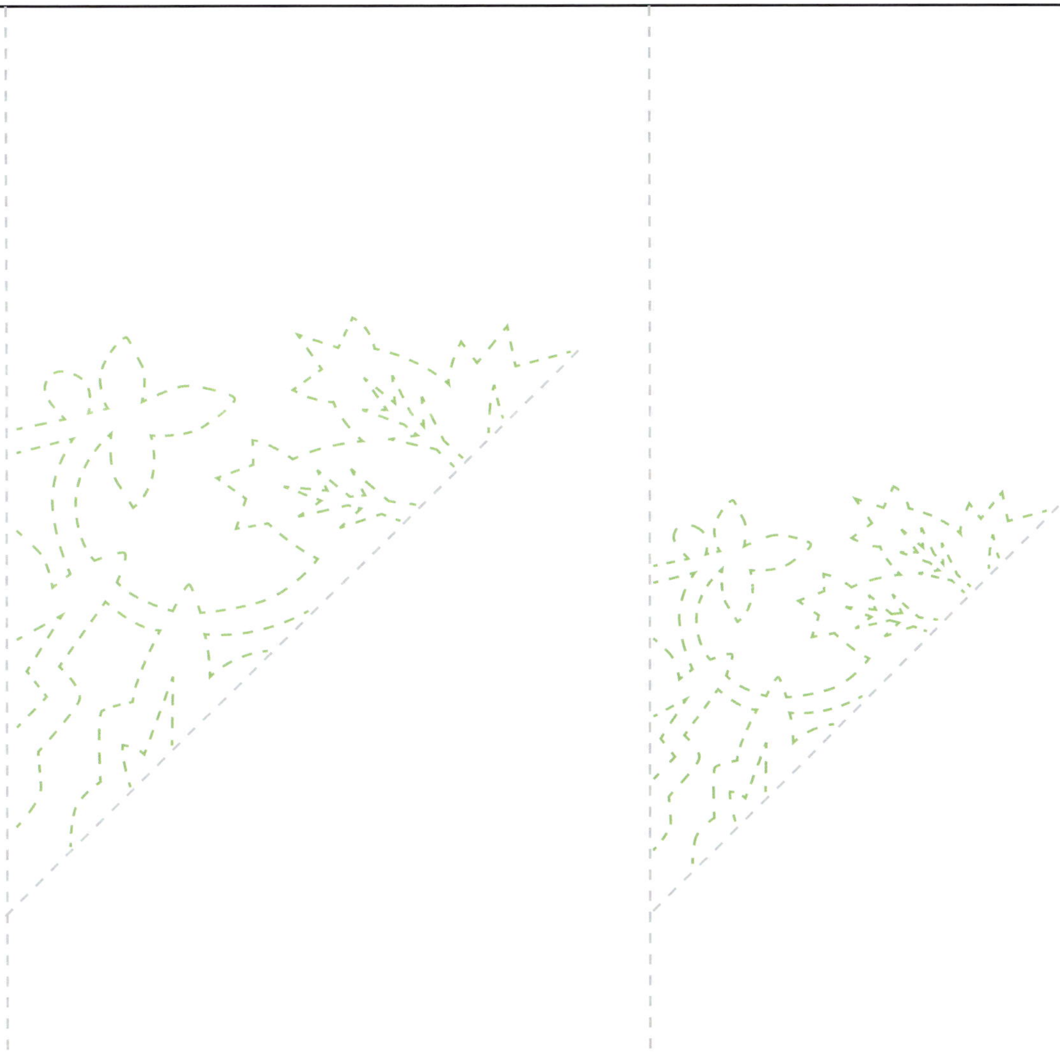

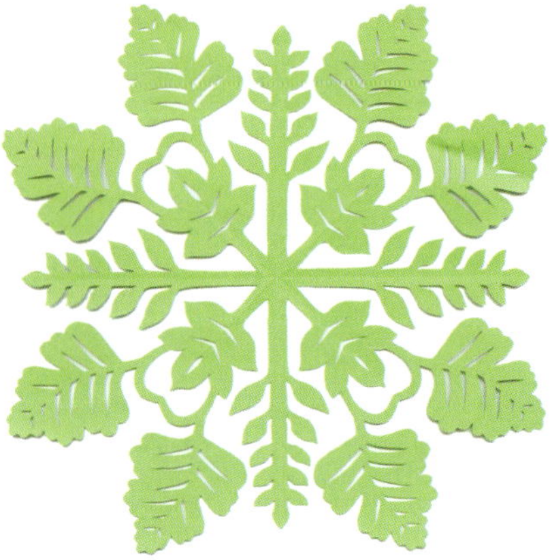

Blätterpracht

Wenn die Blätter von den Bäumen fallen, steht der Winter vor der Tür.

Basteln Sie das Herbstlaub mit roten, orangenen und grünen Flocken und freuen Sie sich auf den bevorstehenden Winter.

8

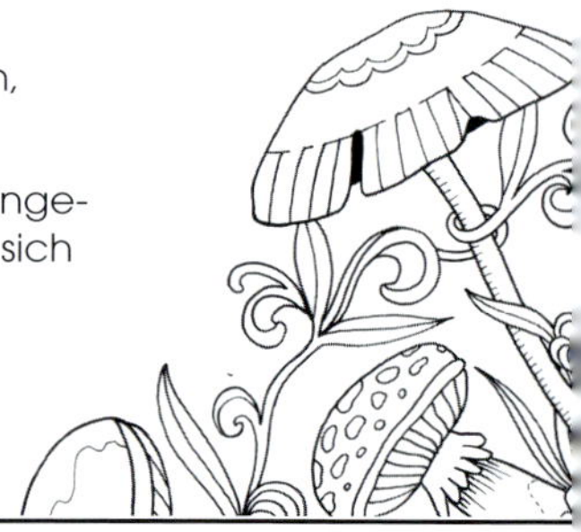

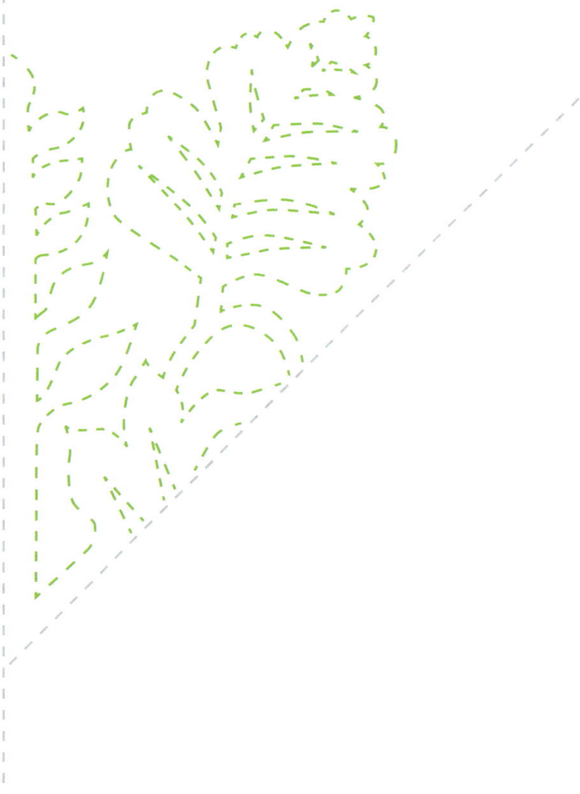

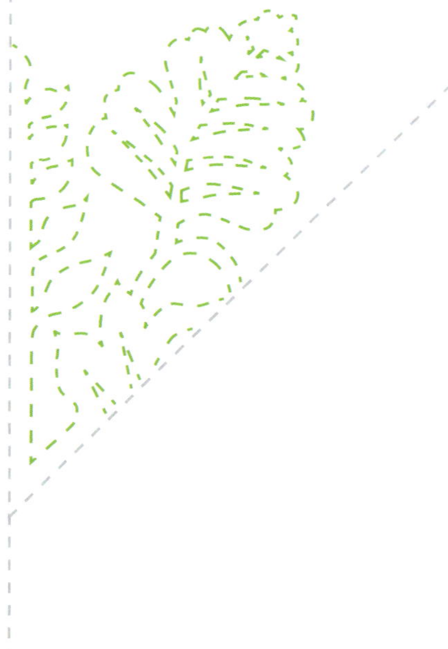

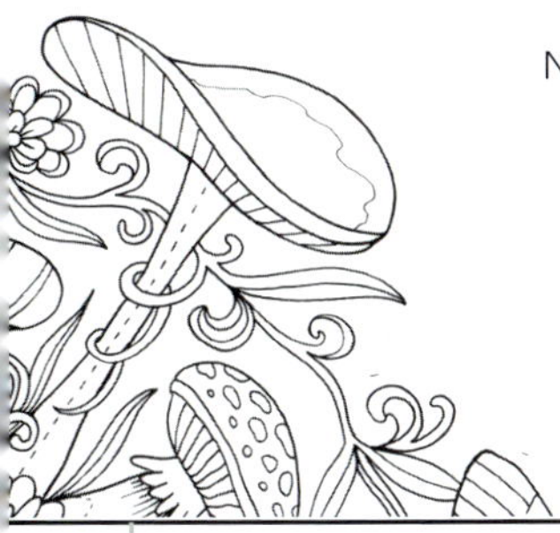

Im Wald

Nutzen Sie einen langen Waldspaziergang, um aus den Fundstücken der Natur eine Waldcollage zu basteln. In dieser Flocke wechseln sich Tannenzapfen und Eichenblätter ab.

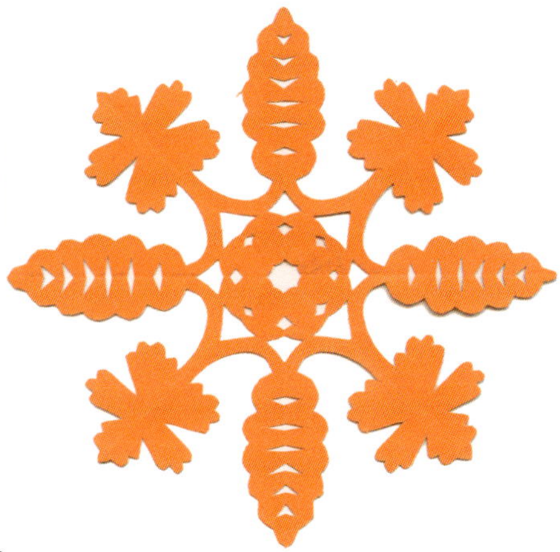

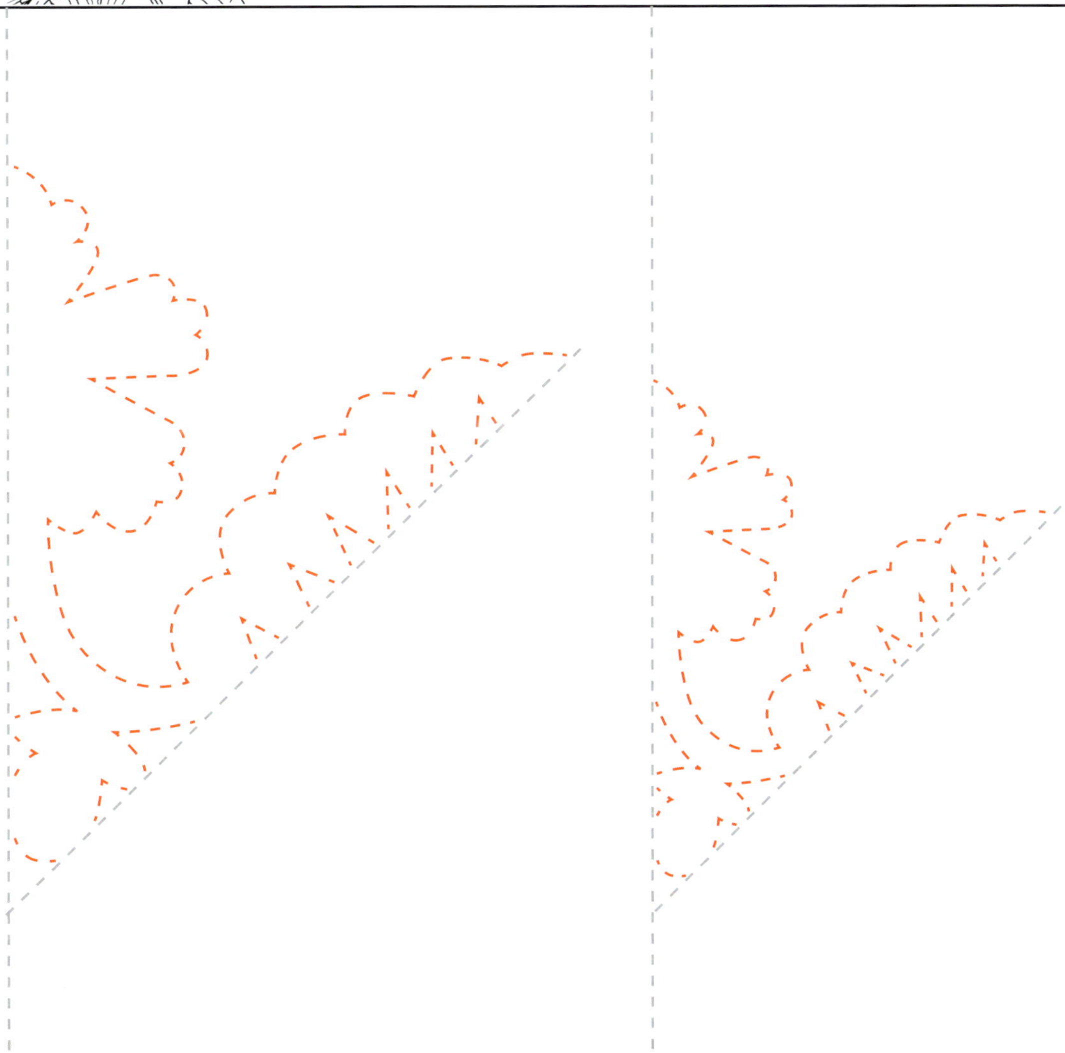

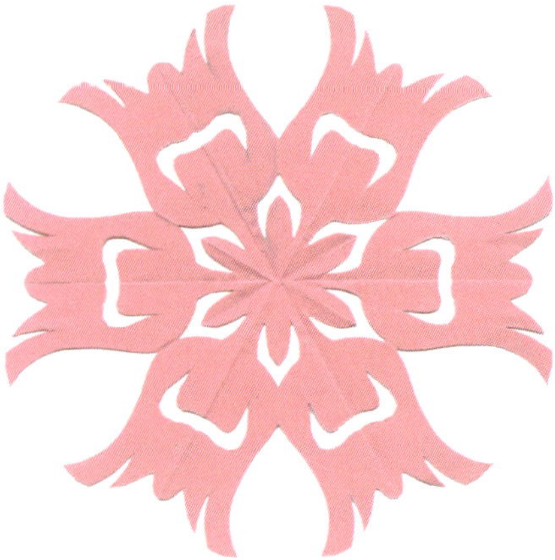

Tulpenstern

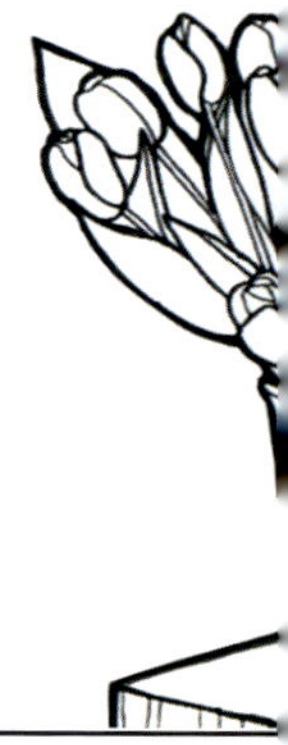

Gegen Ende der Weihnachtszeit freut sich fast jeder auf den Frühling und auf Tulpen. Tulpen gerade abschneiden und nur wenig Wasser geben, sonst wachsen sie zu schnell.

12

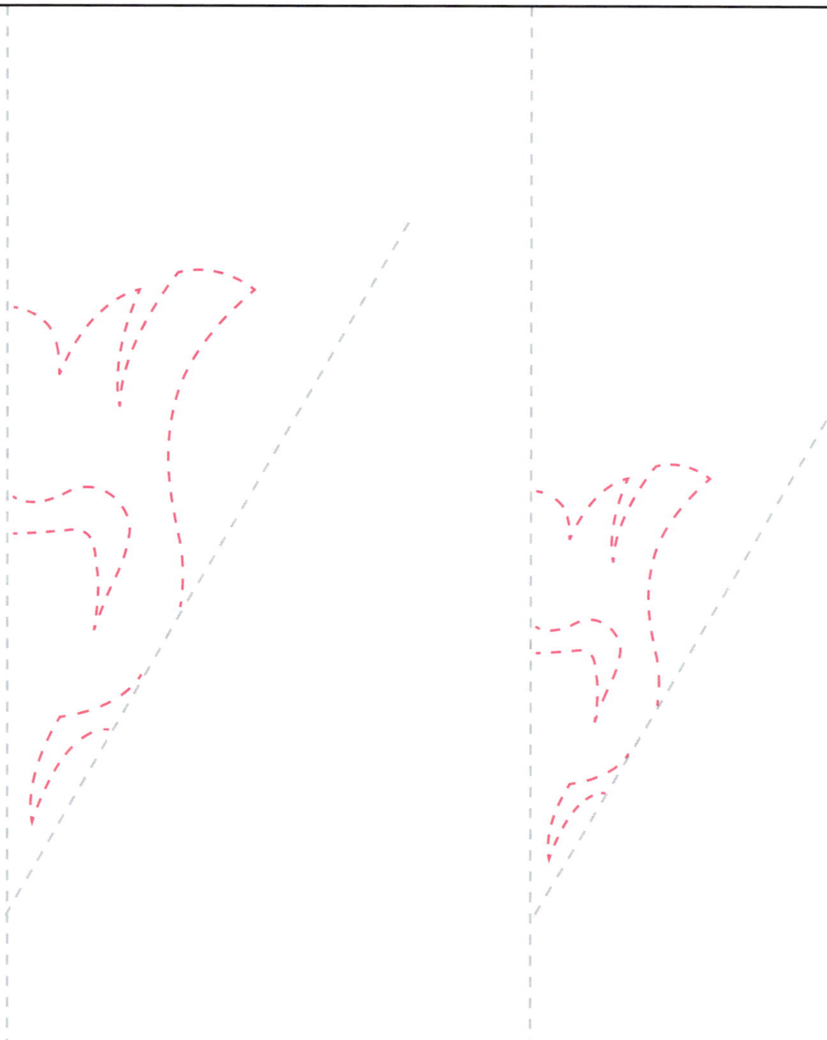

Rosenstrauß

Rote Rosen symbolisieren Liebe und Leidenschaft. Wem zeigen Sie mit dieser Schneeflocke Ihre Liebe?

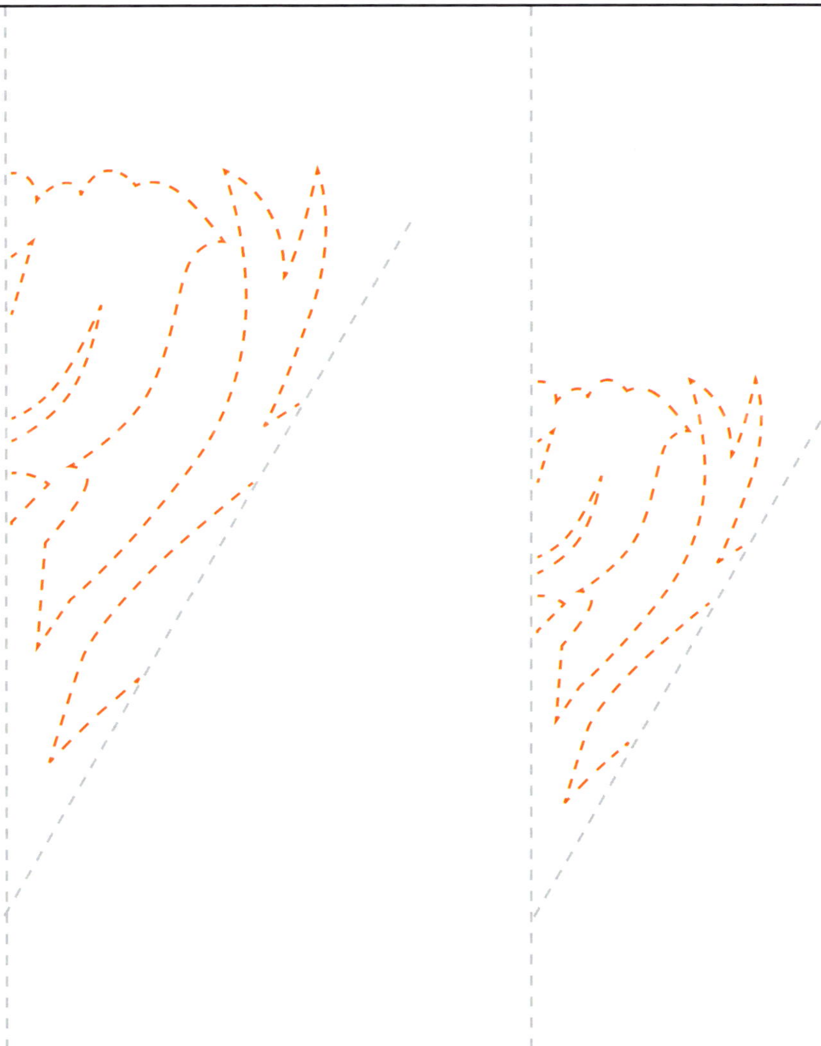

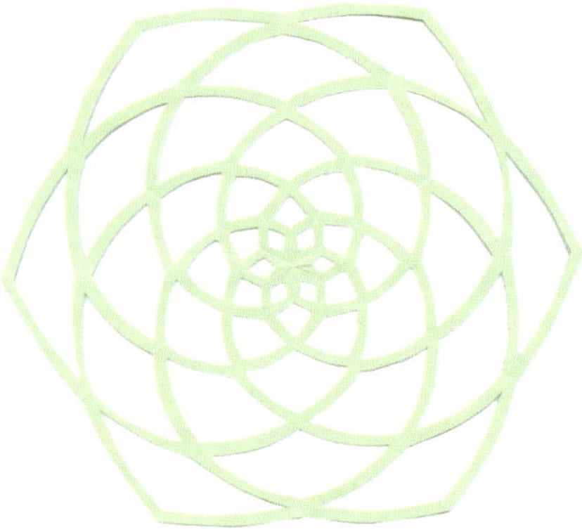

Mandala

Die Schneeflocke mag kompliziert aussehen, ist aber einfach zu schneiden.

12

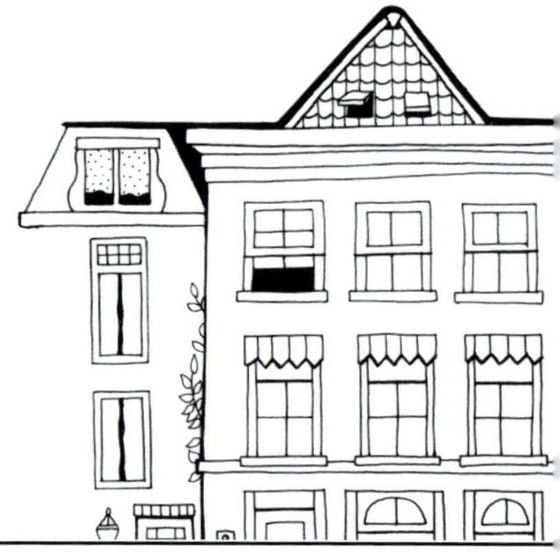

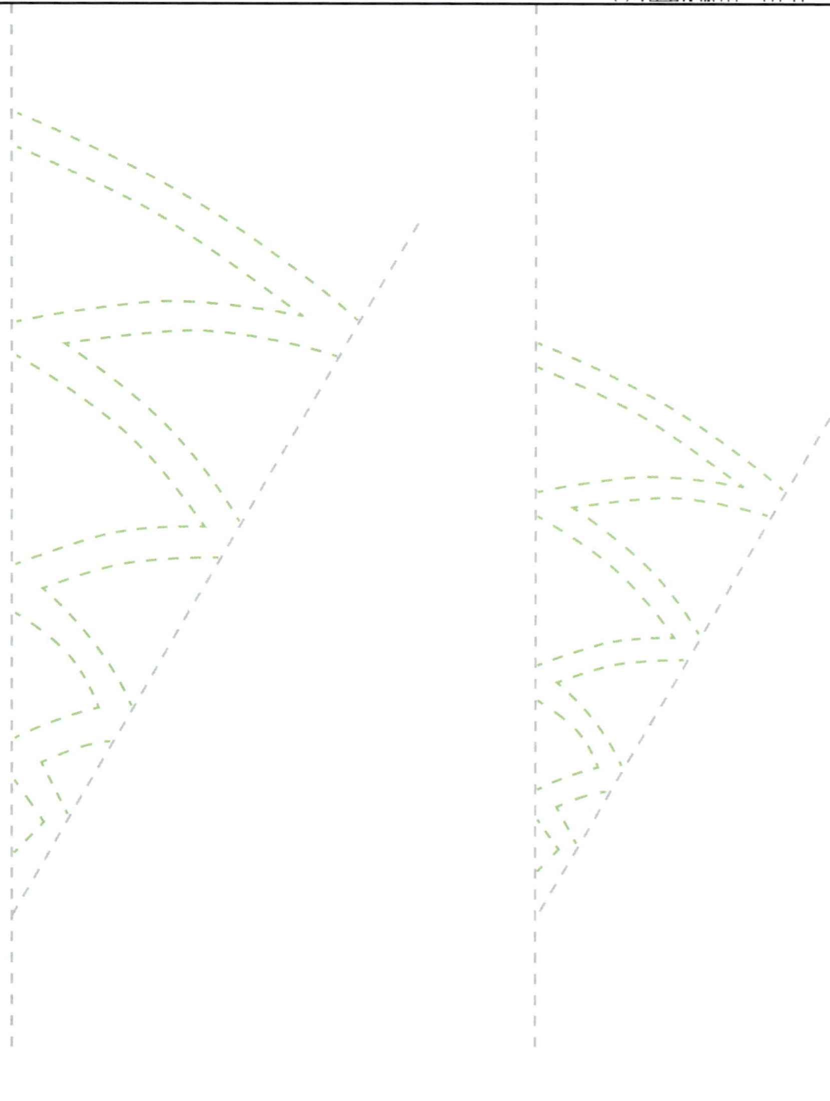

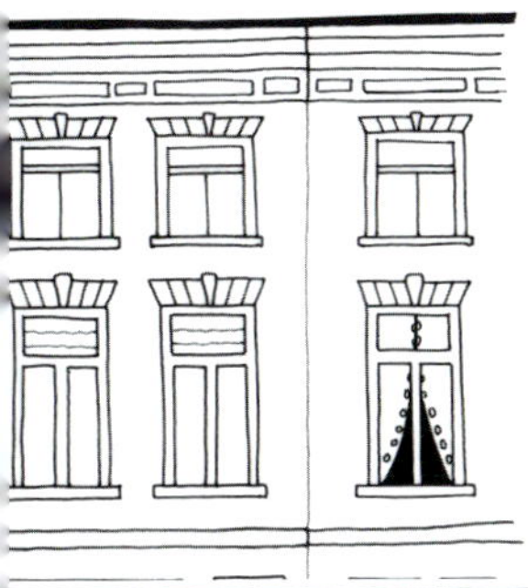

Art déco

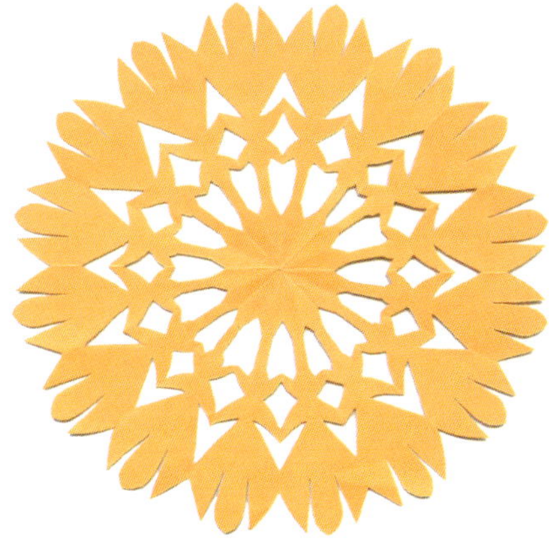

Prächtige Farben, geometrische Formen und üppige Verzierungen. Diese Flocke ist perfekt, um nach dem Ausschneiden eigene Verzierungen hinzuzufügen.

16

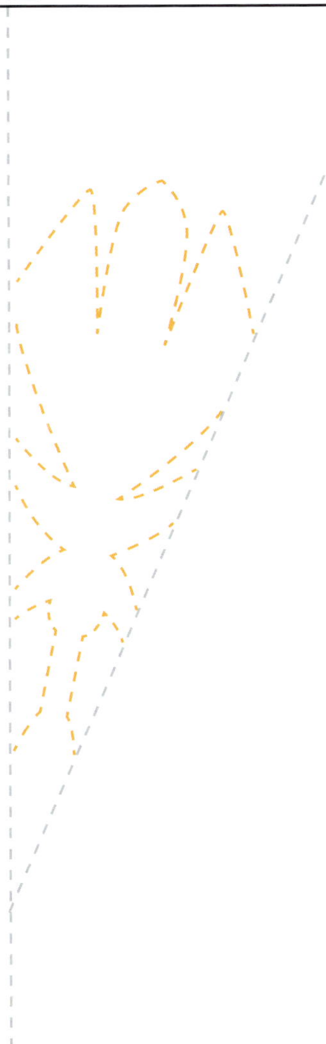

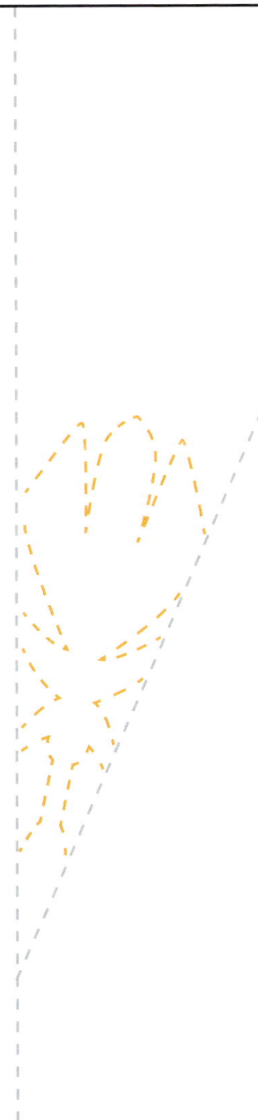

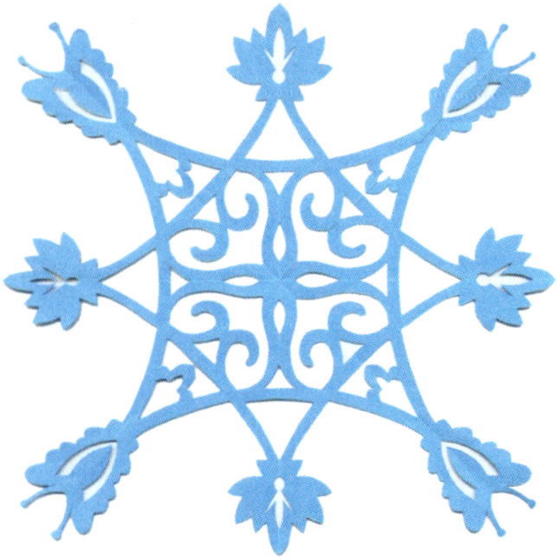

Kaleidoskop

Eine äußerst filigrane Arbeit, diese Flocke. Passen Sie nur auf, dass Ihnen nicht schwindelig wird!

8

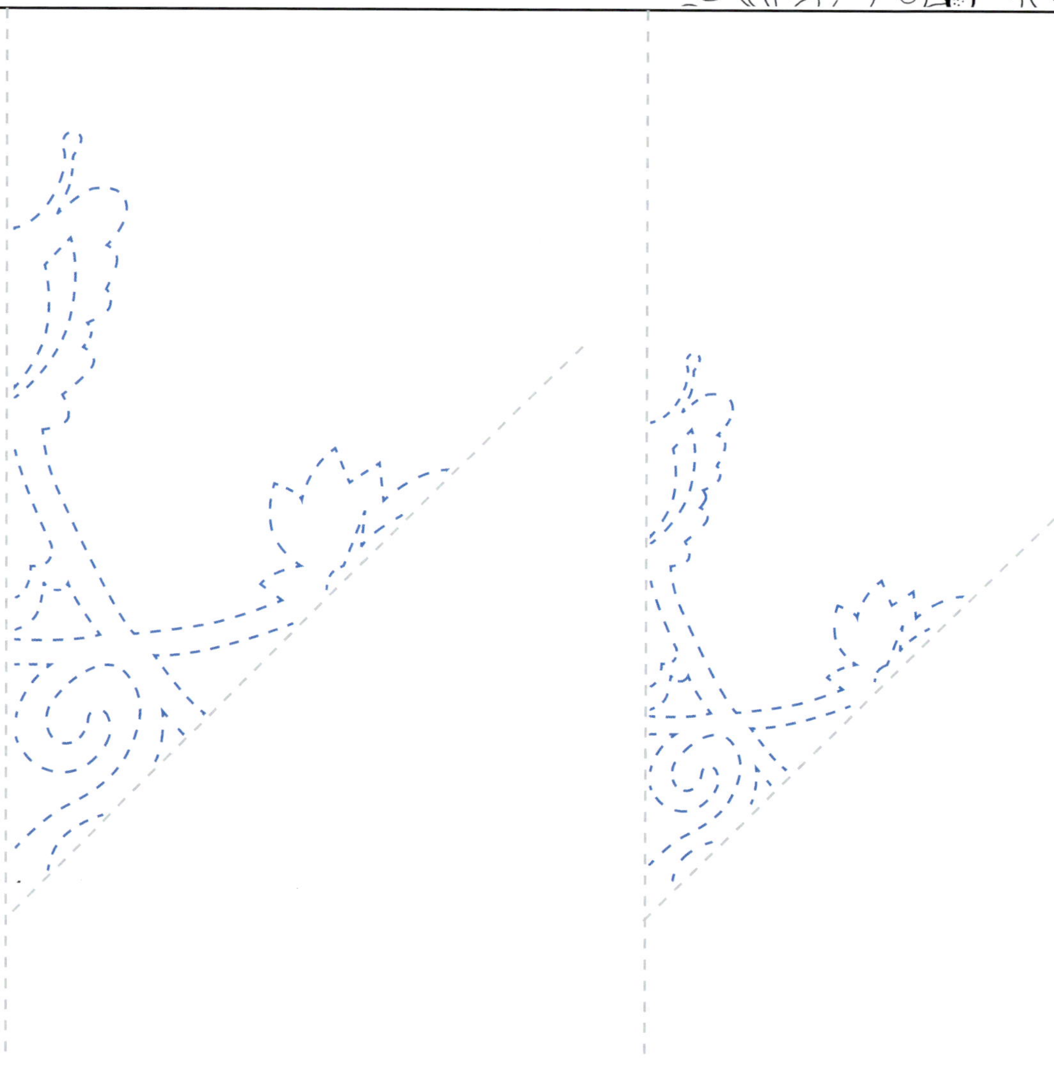

Barockflocke

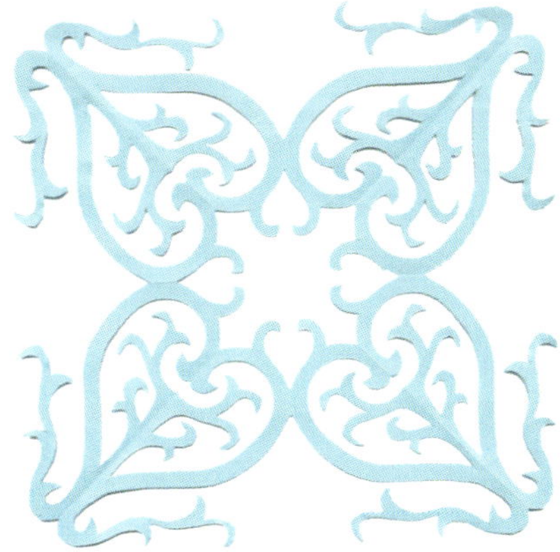

Diese Schneeflocke eignet sich großartig als Fliesendekoration. Ganz ohne Hammer und Meißel.

8

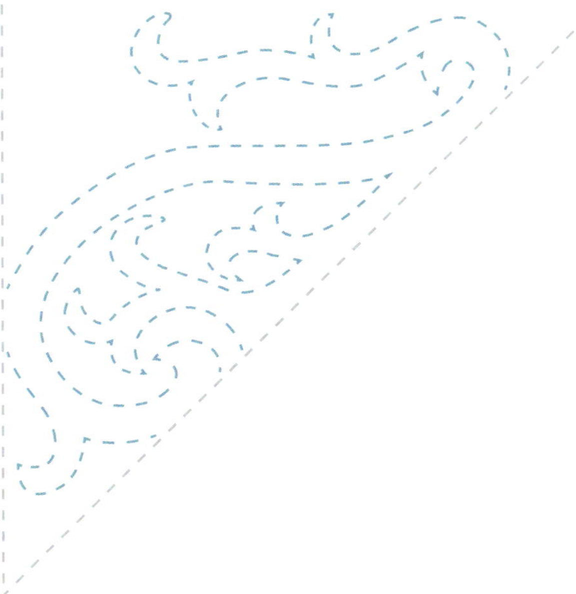

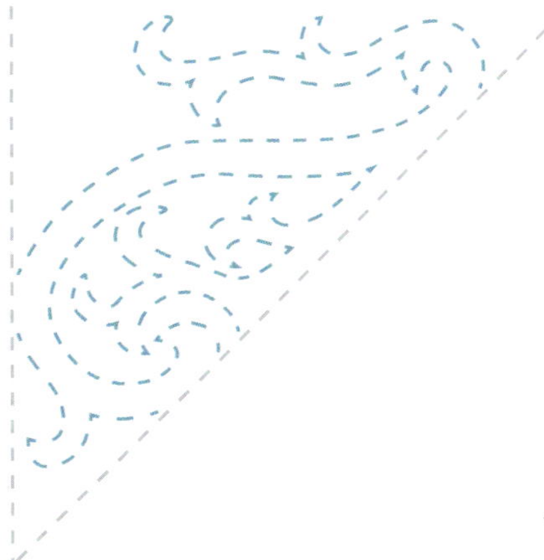

Löffelparade

Wer kann einem Stücken Schokoladen-torte schon widerstehen. Löffel her, die Torte ist fertig.

8

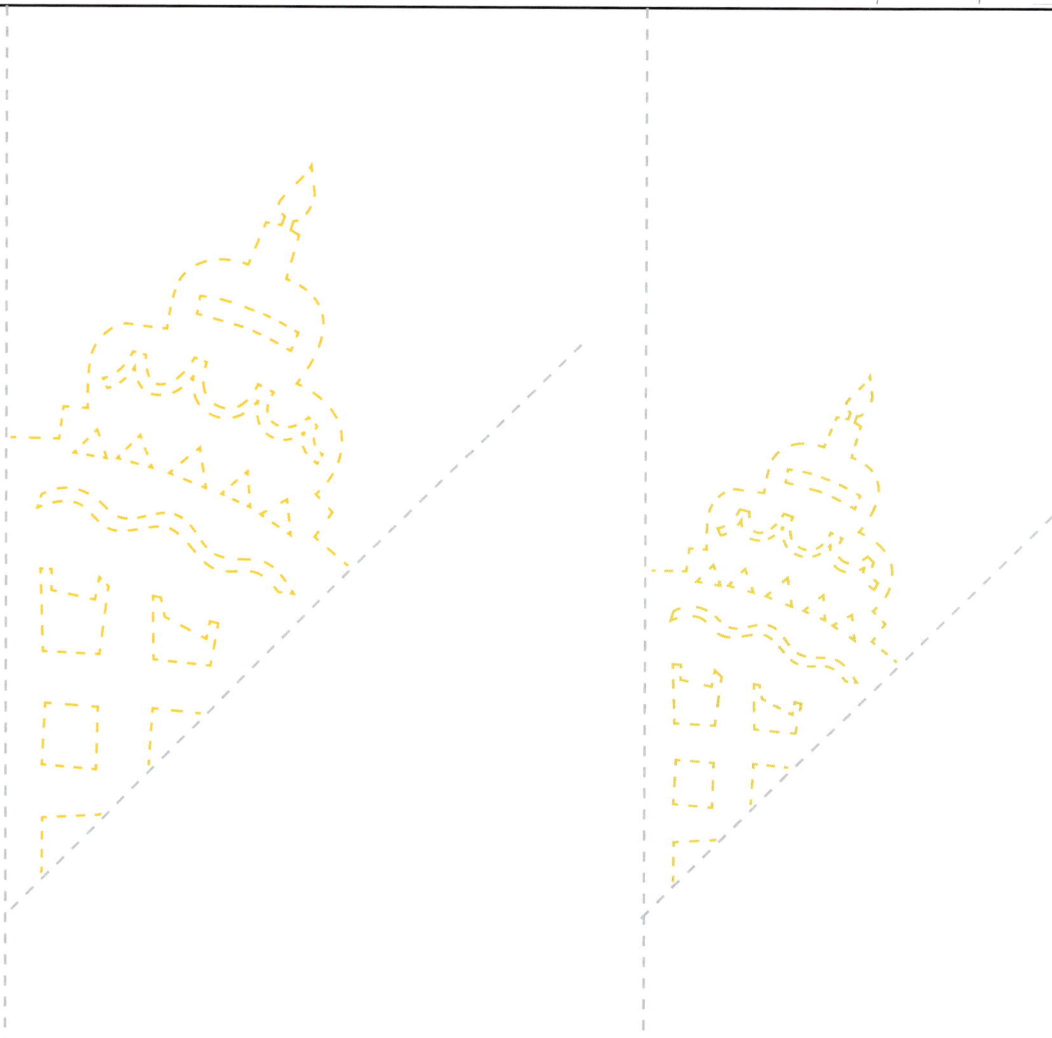

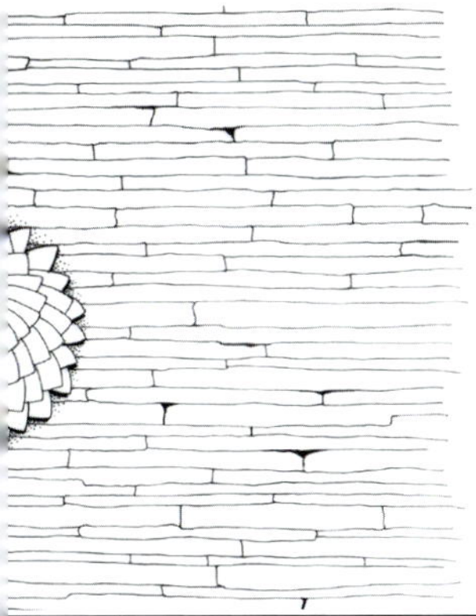

Leckermaul

Hmm, wie köstlich! Fruchtlutscher, Kaugummi und Zuckerherzen. Läuft Ihnen da nicht das Wasser im Mund zusammen?

8

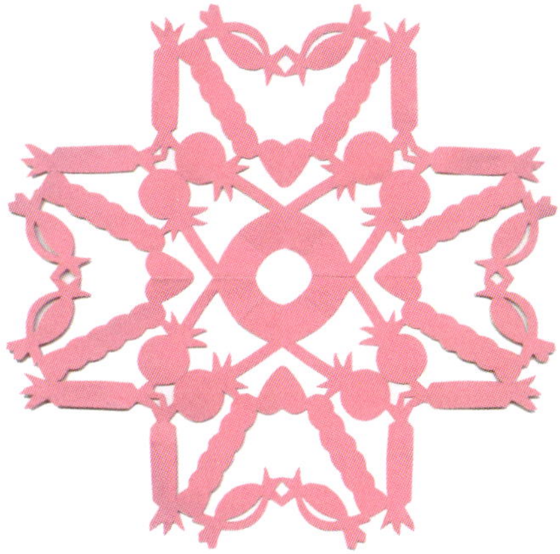

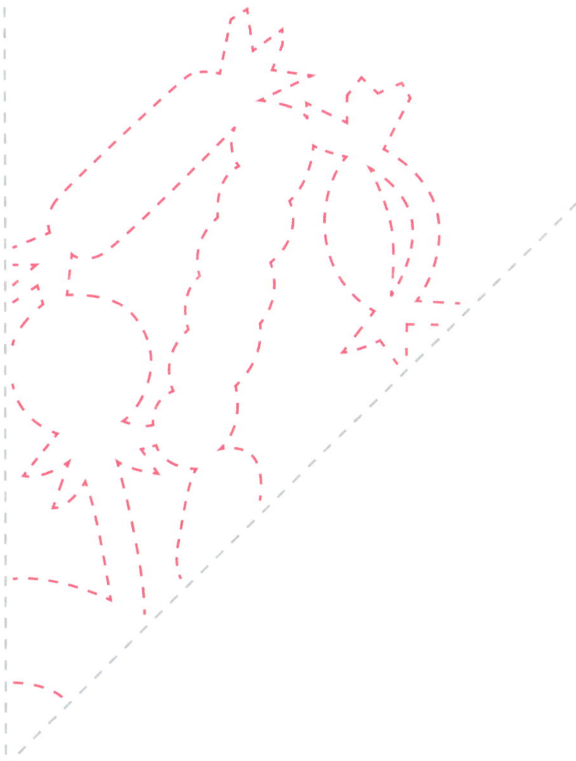

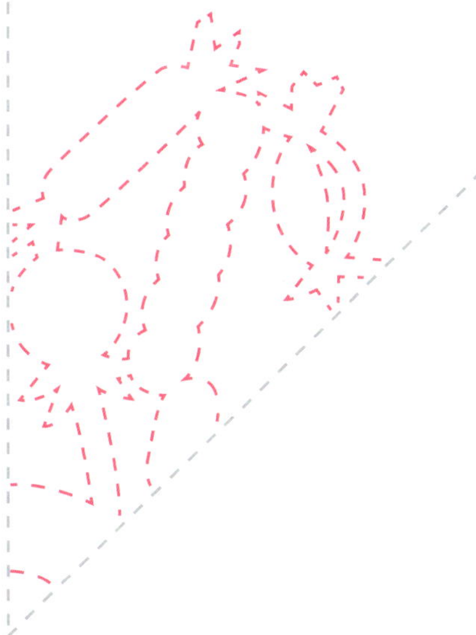

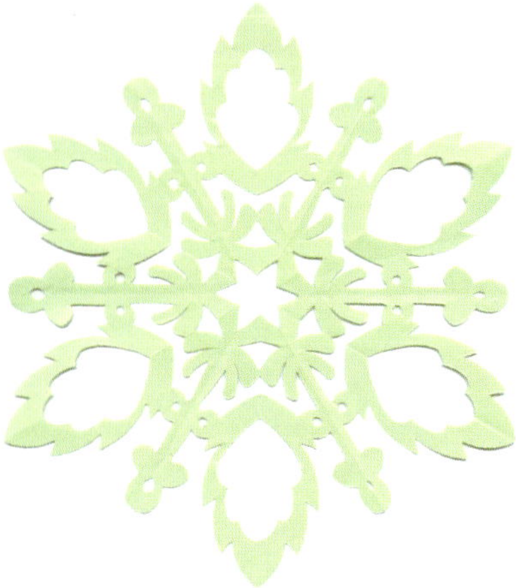

Feuer und Flamme

Bei Kerzen müssen Sie aufpassen,
dass Sie sich nicht verbrennen.
Bei dieser Schönheit jedoch nicht.

12

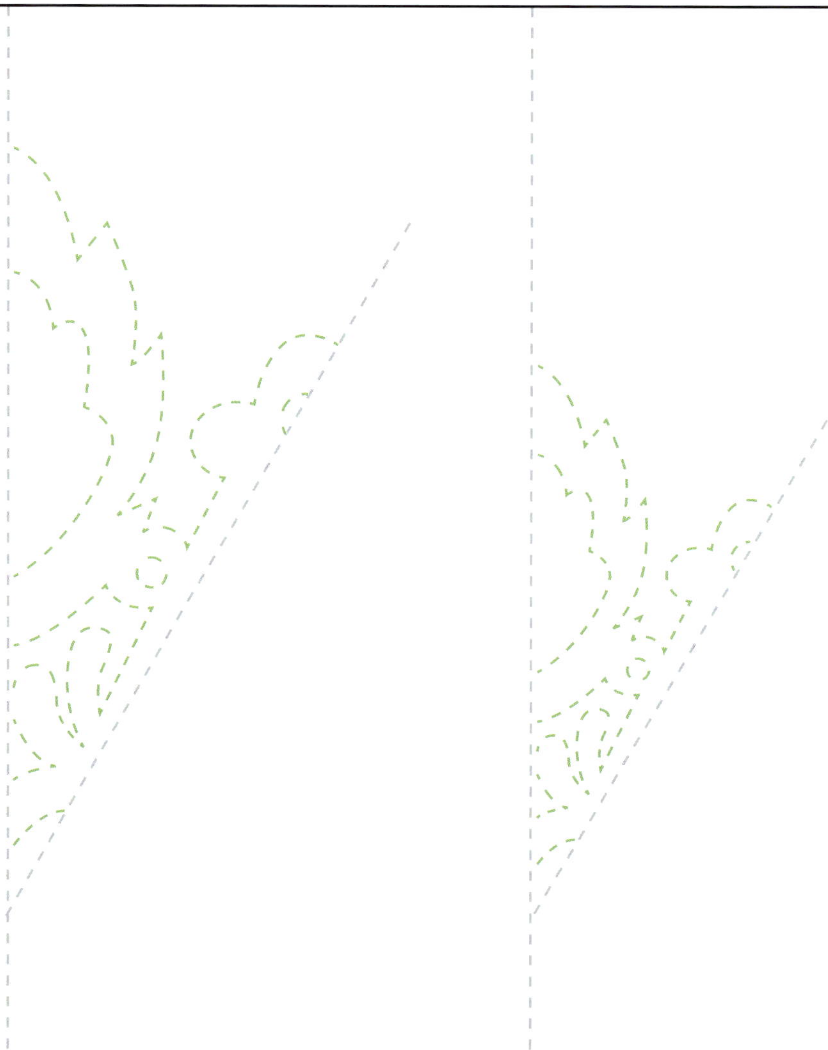

Friedenstaube

Ruckedigu. Wie die Friedenstaube als ein Symbol der Hoffnung bringt auch diese Schneeflocke Licht mit sich.

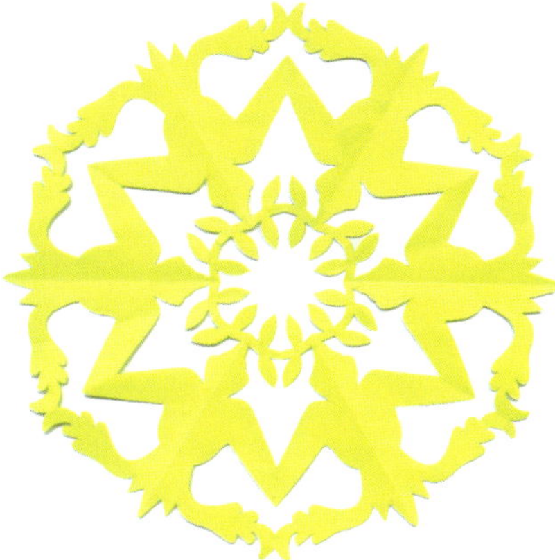

12

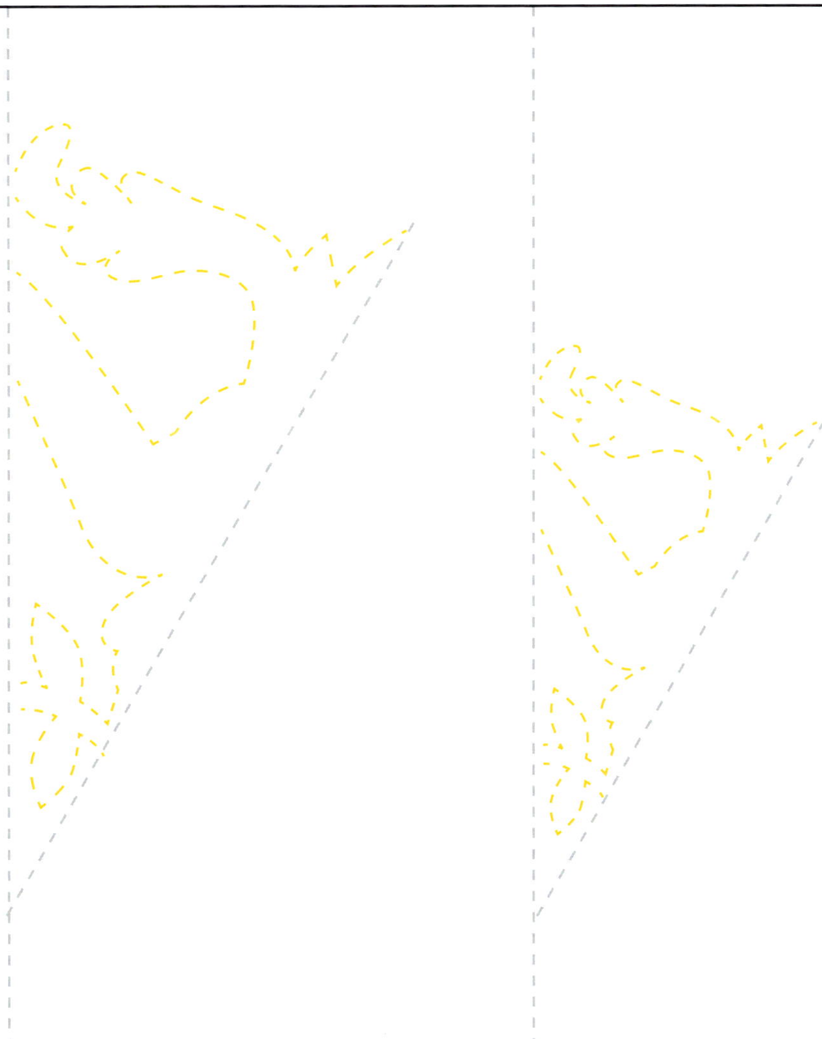

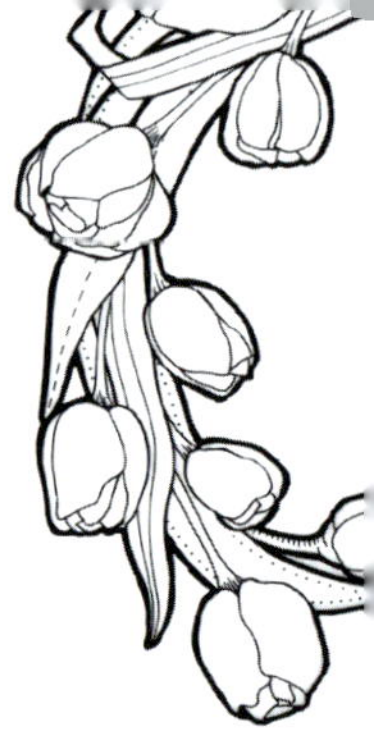

Früchtetraum

Es gibt nichts Schöneres, als mit einer Tasse Kaffee in der Hand langsam wach zu werden, den Vögeln zu lauschen und von Sommer, Sonne und frischen Früchten zu träumen.

8

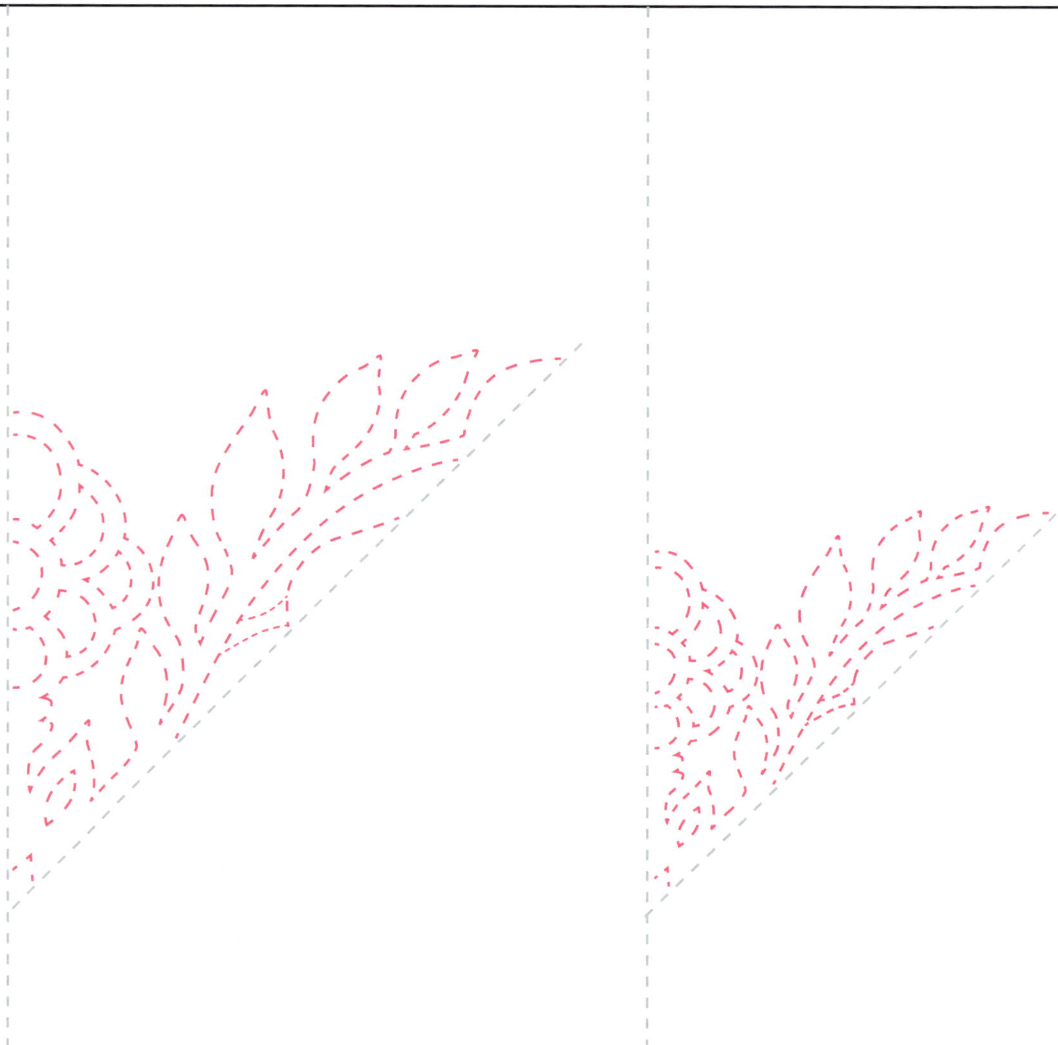

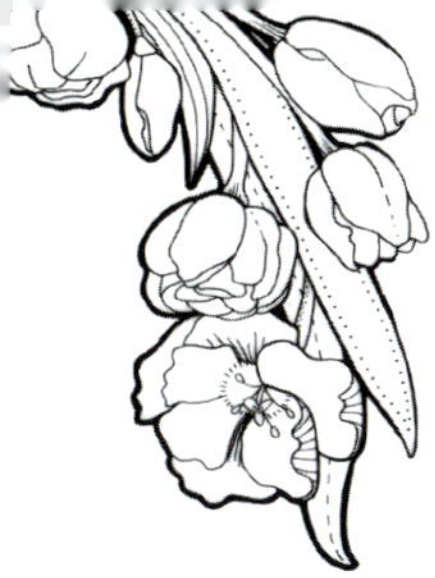

Blütenpracht

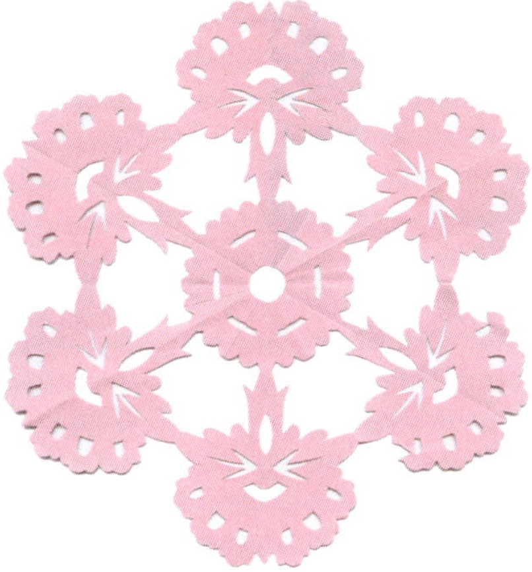

Im Winter wird oft an den Sommer gedacht und von Hängematten und duftenden Blumen im Garten geträumt. Hängematte, Garten und Duft müssen Sie sich denken, aber Blühen, das tut diese Flocke auf jeden Fall!

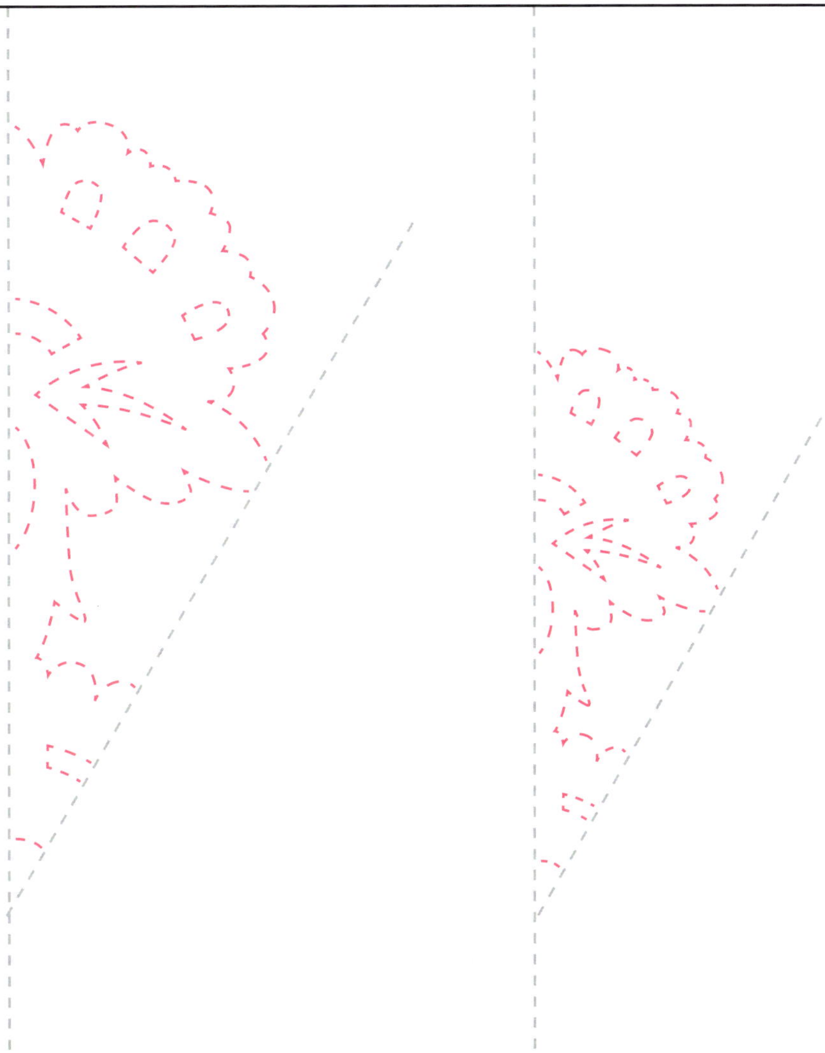

Grüne Oase

Diese Oase ist schwer zugänglich, wie die meisten Oasen. Doch wenn Sie es geschafft haben, sehen Sie, dass die Mühe sich gelohnt hat.

8

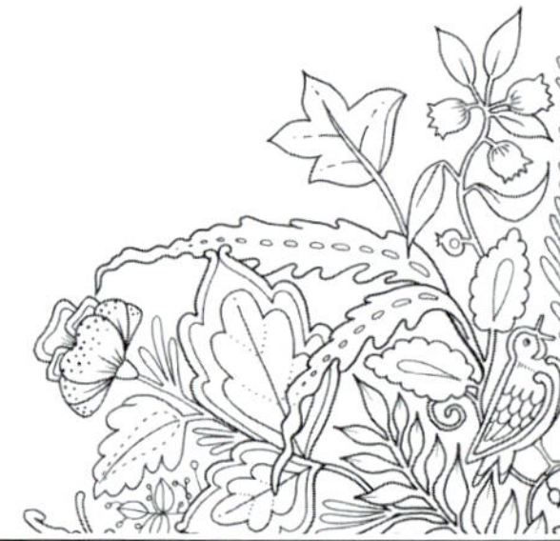

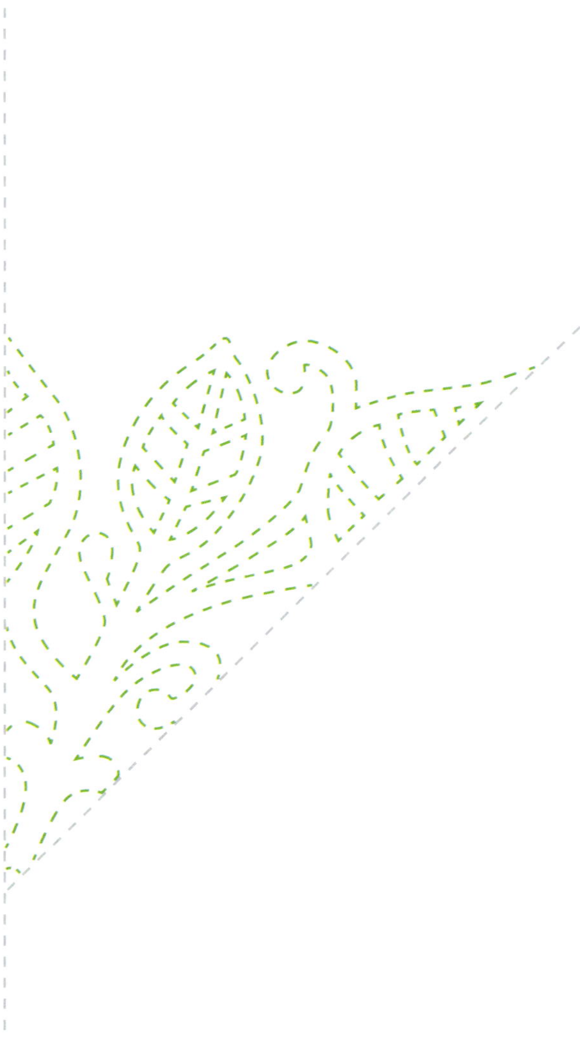

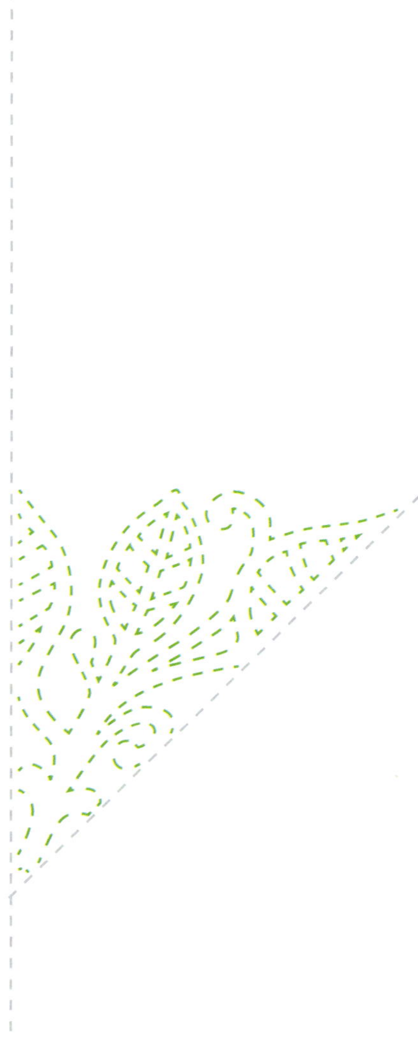

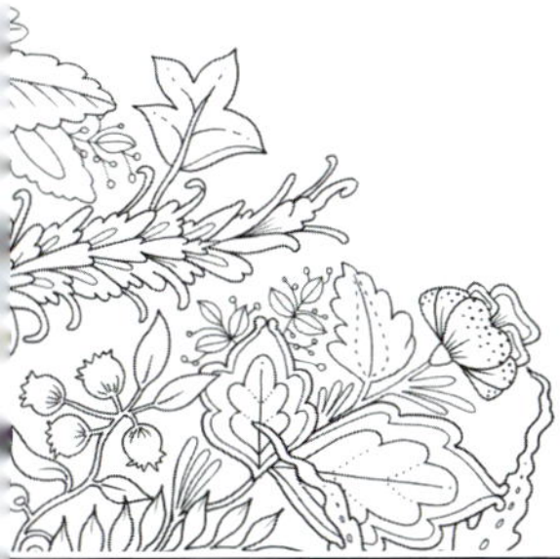

Herbstanfang

Wenn Sie den Herbst nicht mehr erwarten könne, dann schneiden Sie genügend von diesen Flocken aus und verteilen Sie sie überall. Schon ist der Herbst da.

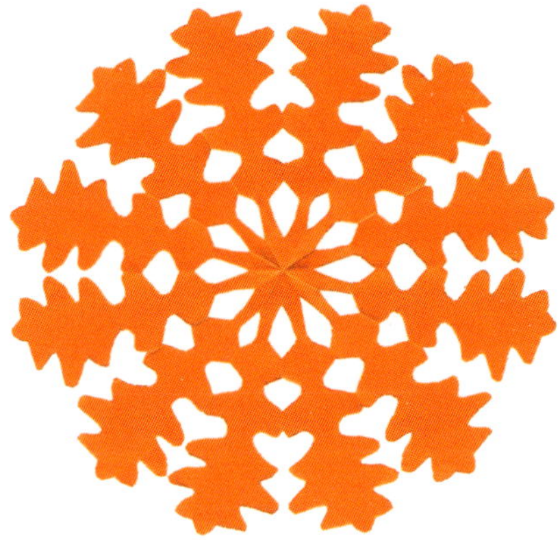

12

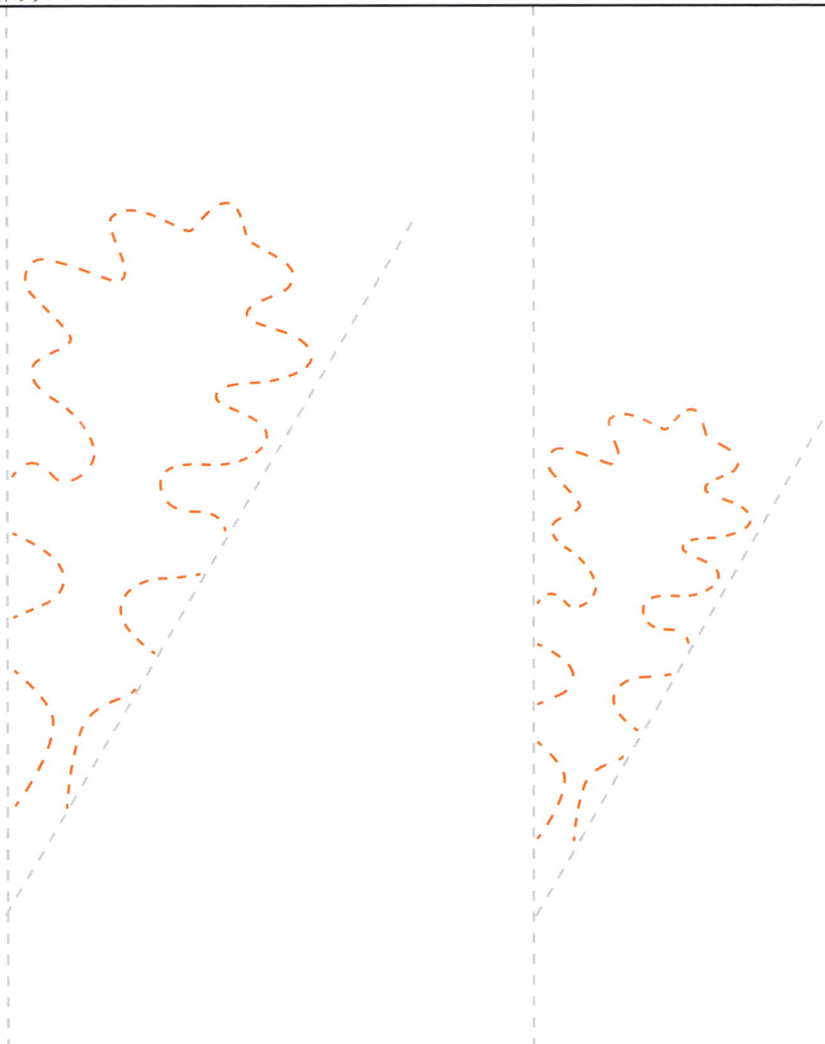

Blütenmeer

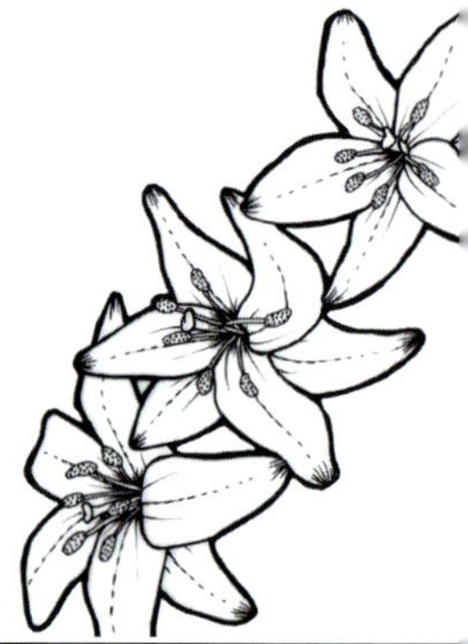

Nach dem tristen Winter verwandeln Blumen den Garten in ein farbenfrohes Blütenmeer. Also worauf warten Sie noch?

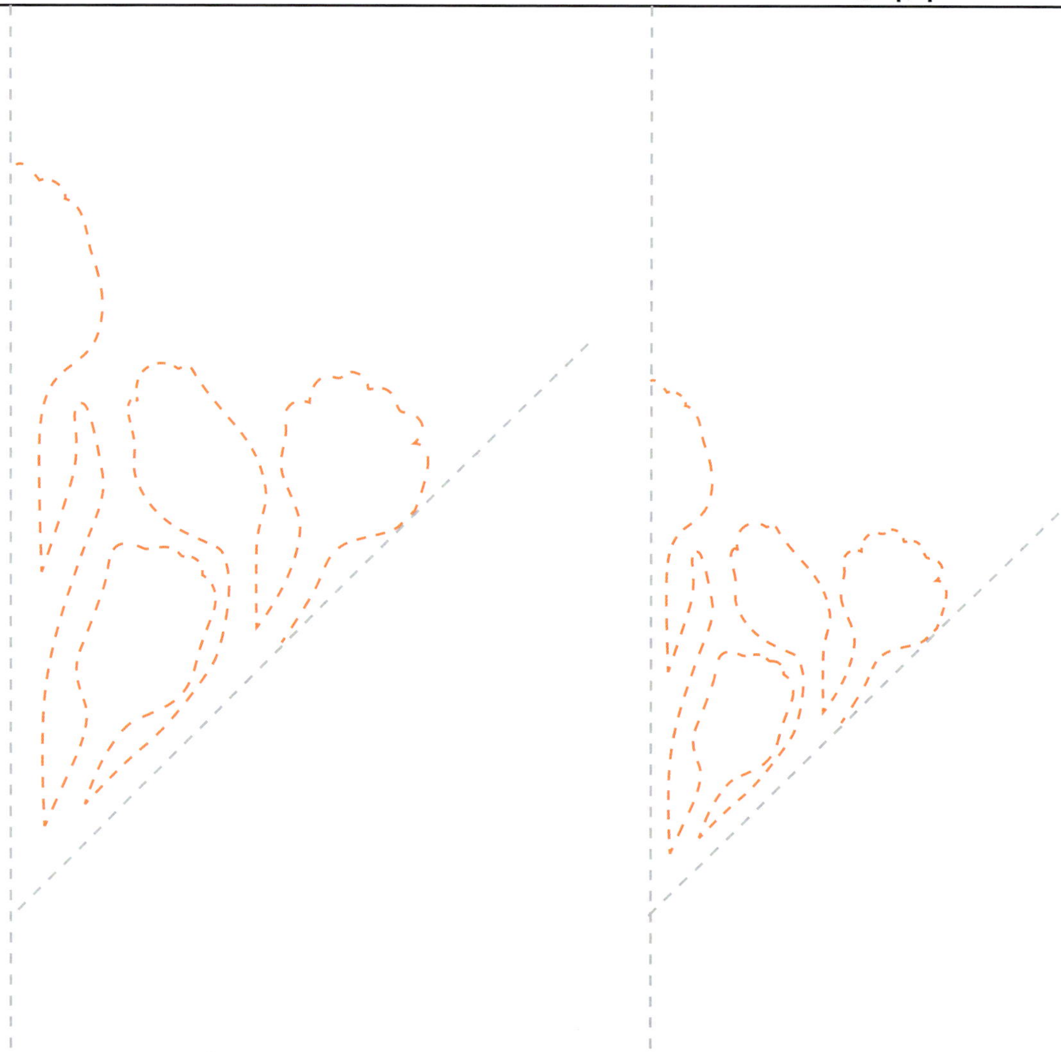

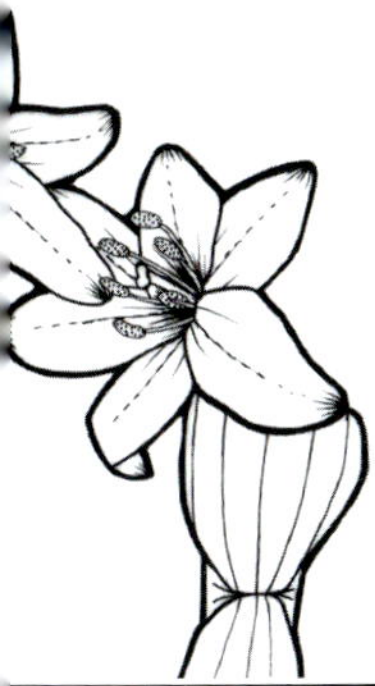

Lilie

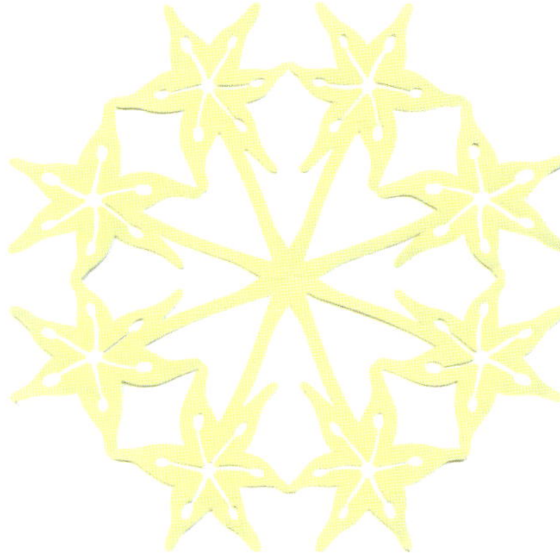

Wenn es eine Blume voller Symbolik gibt, dann ist es die Lilie. Sie steht für Liebenswürdigkeit, Reinheit, Liebe, Fruchtbarkeit, Weiblichkeit, Einheit und Vergänglichkeit.

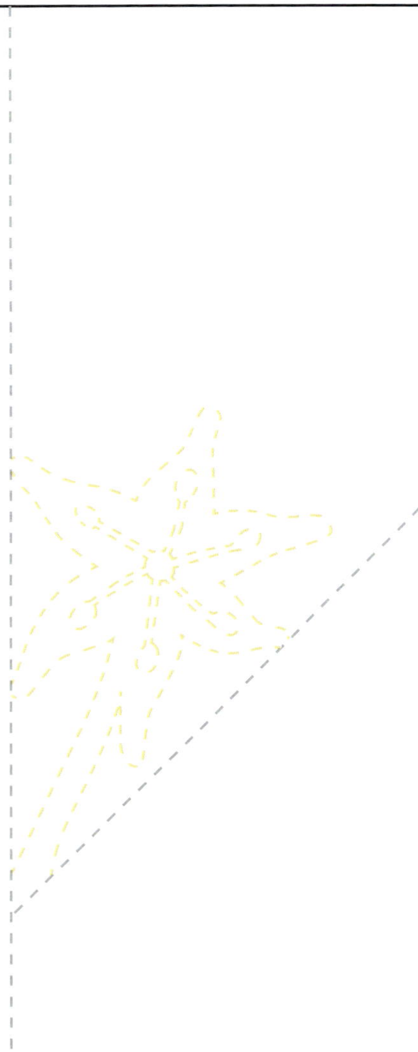

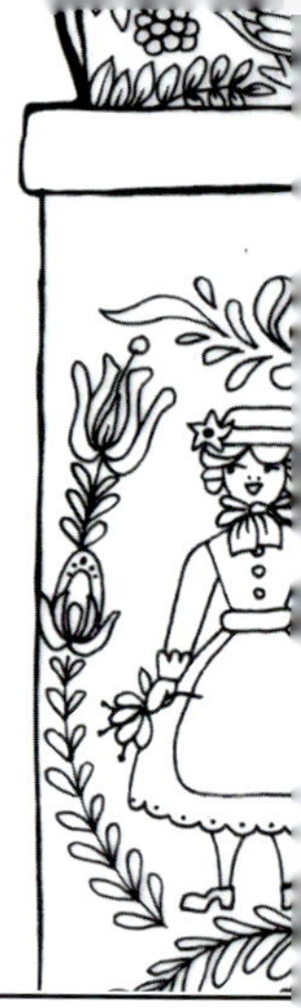

Freundschaft

Freundschaft beruht auf Sympathie, Zuneigung und Vertrauen. Zeigen Sie mit dieser Schneeflocke ihren Freunden, wie gern Sie sie haben.

10 ★★★☆

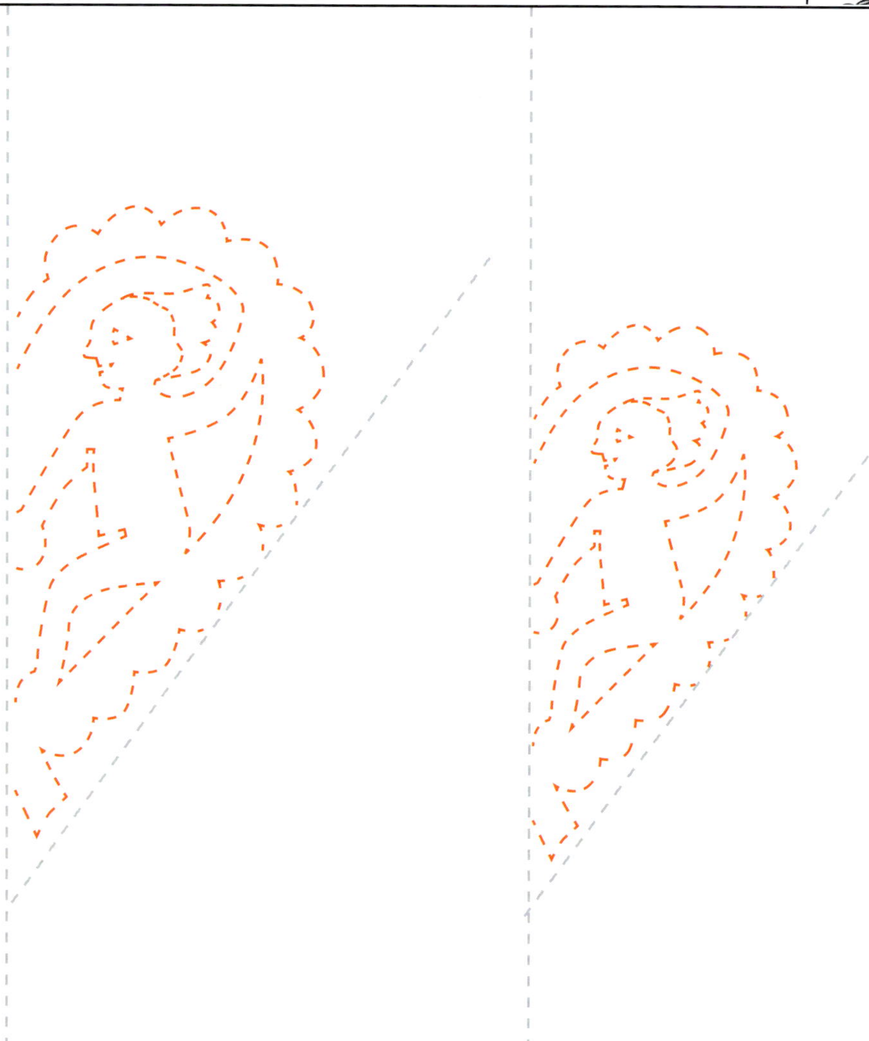

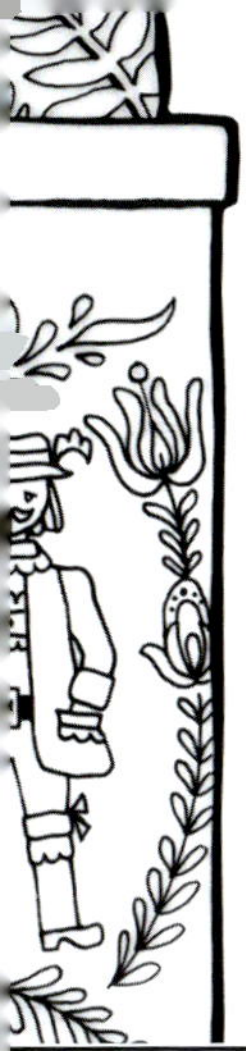

Amor

Der Amor verschießt Pfeile, damit Menschen sich verlieben. Perfekt für Weihnachten, um Liebe zu verteilen.

10

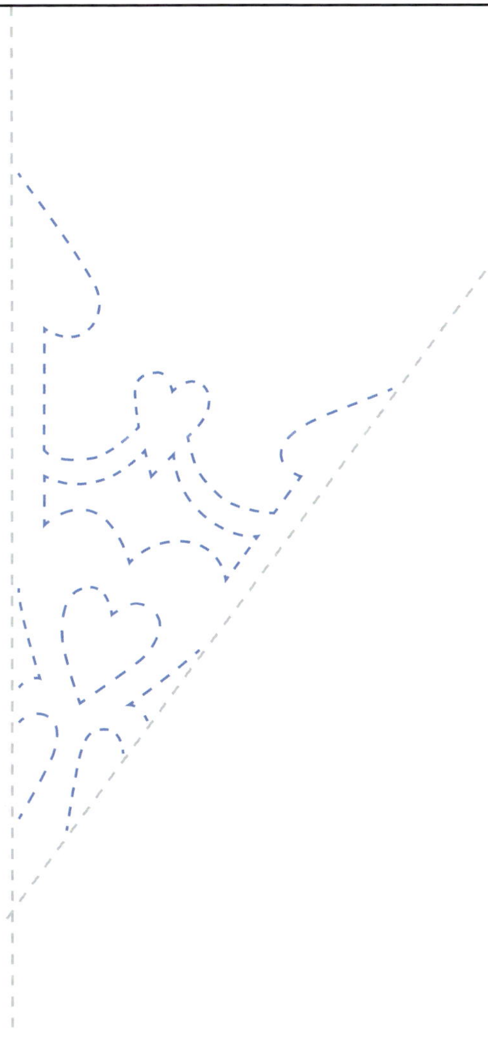

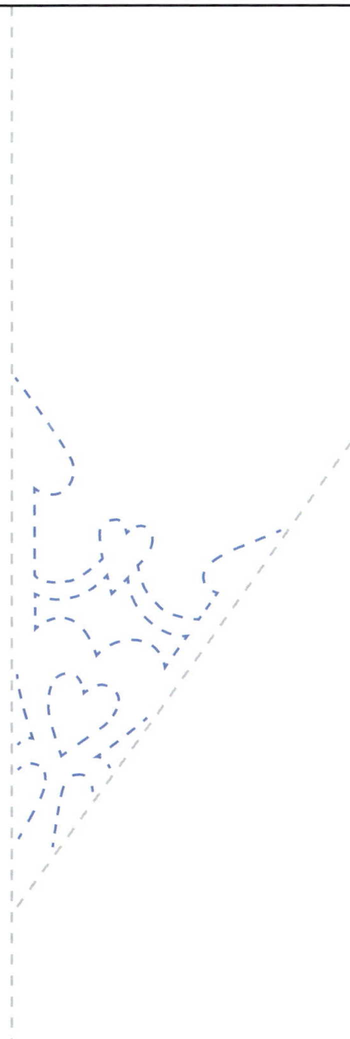

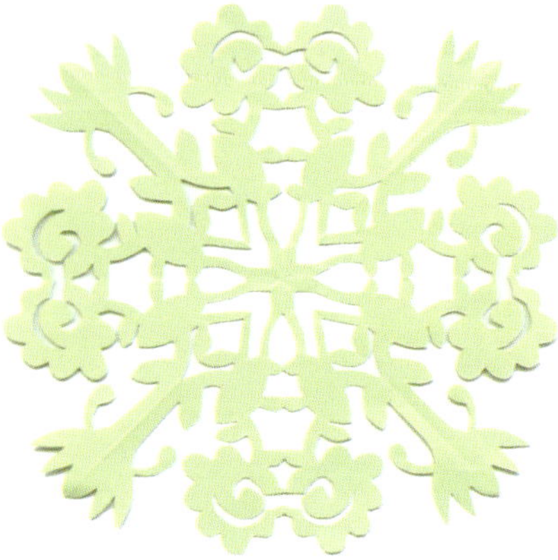

Im Garten

Im Garten können Sie die schönsten botanischen Formen entdecken. Sie müssen nur genau hinsehen.

8

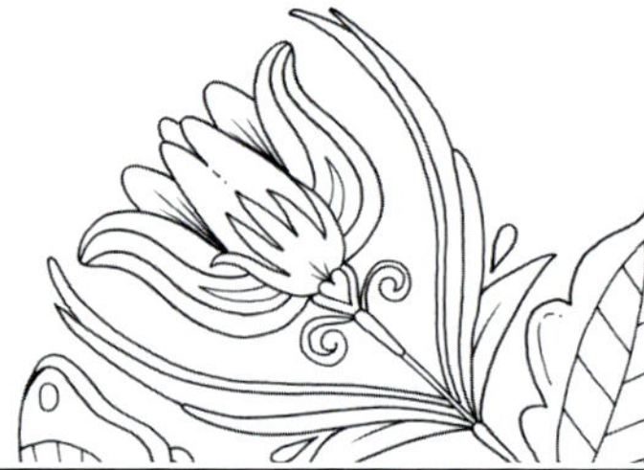

Blumenstrauß

Blumen werden häufig zu einem Strauß gebunden und verschenkt. Wem machen Sie mit dieser schönen Flocke eine Freude?

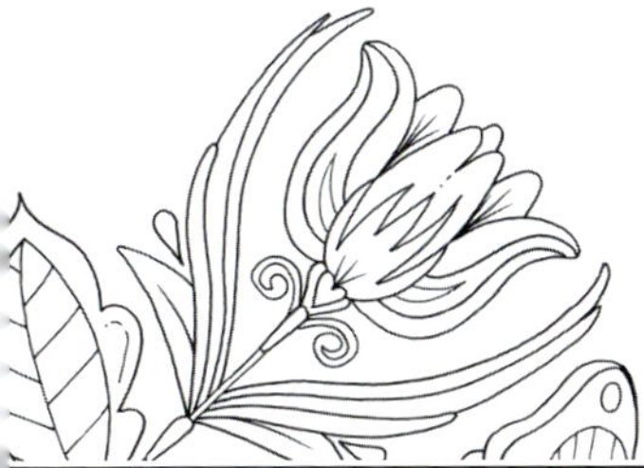

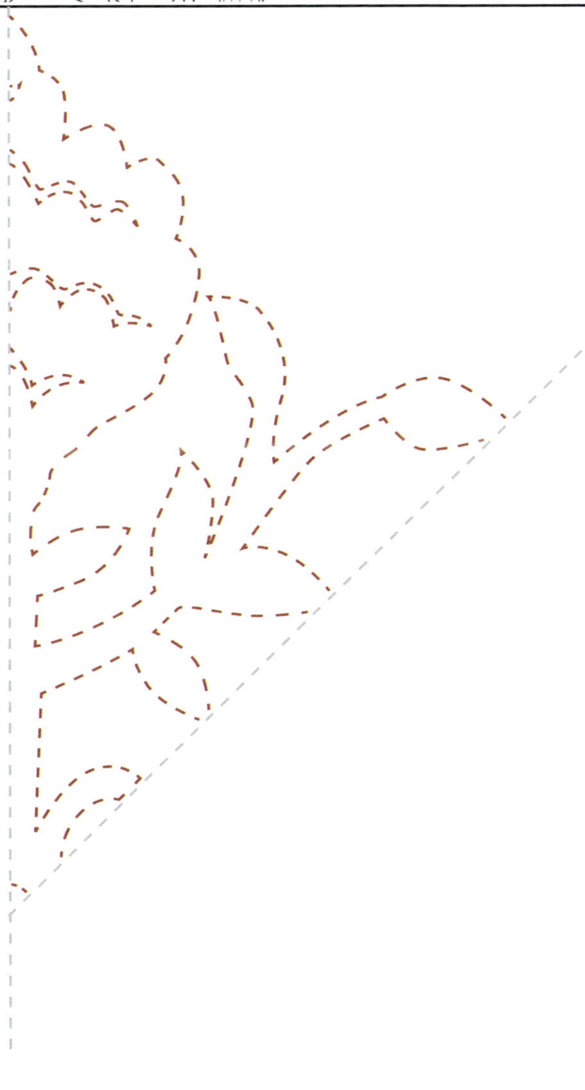

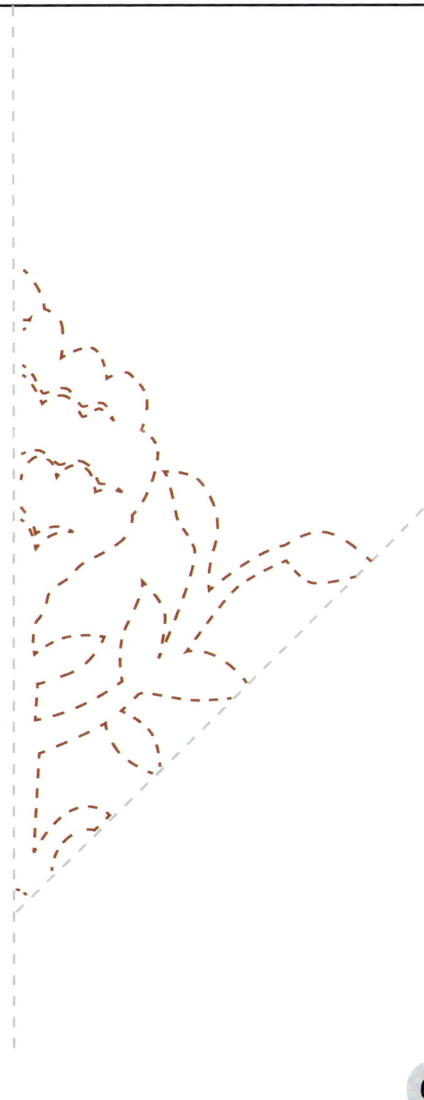

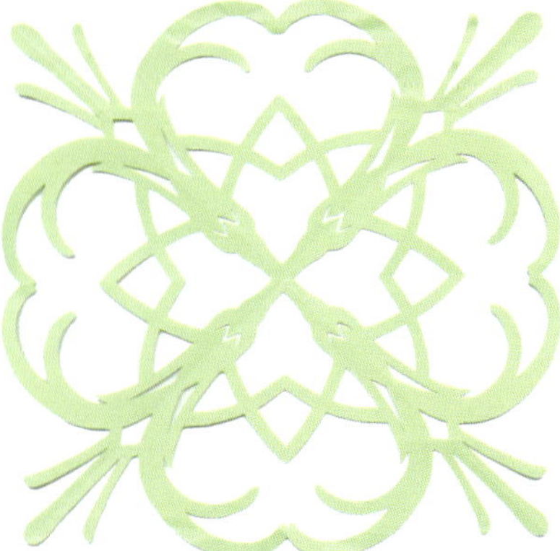

Nilgiri-Blüte

Diese prächtige Flocke braucht nicht viel Übung. Schneiden Sie die Verbindungsstücke nicht zu dünn und halten Sie sie gut fest.

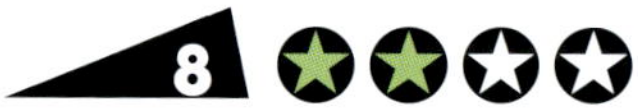

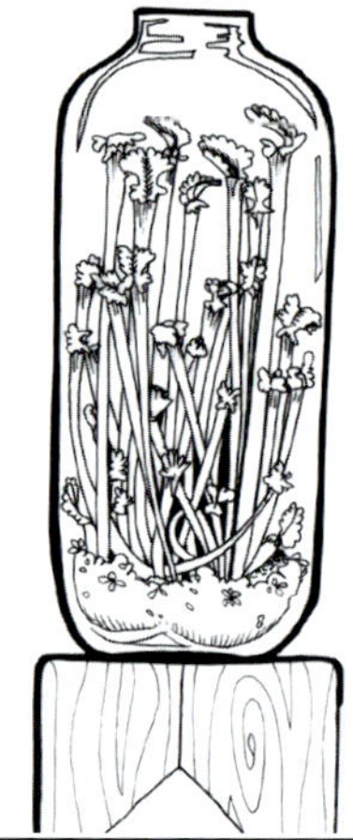

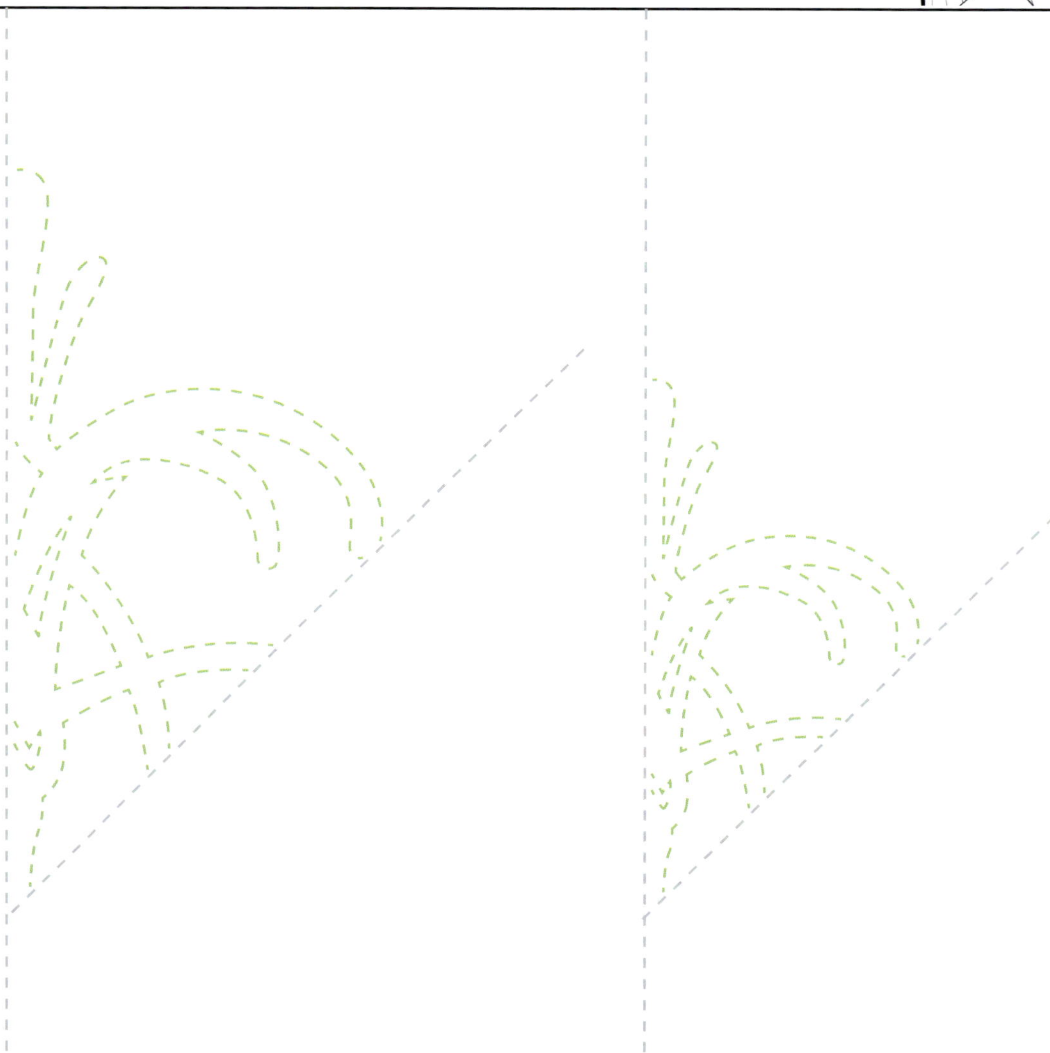

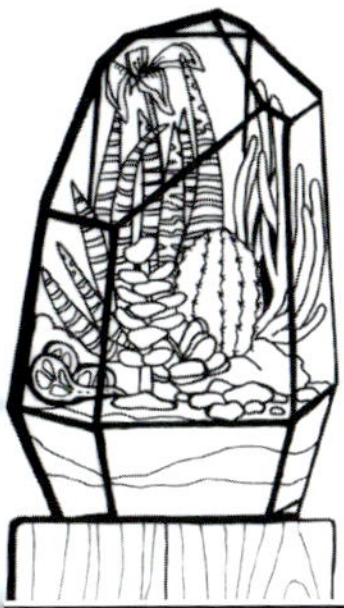

Kaktus

Kakteen liegen voll im Trend!
Aber sie sind unglaublich stachelig.
Diese Flocke glücklicherweise nicht.

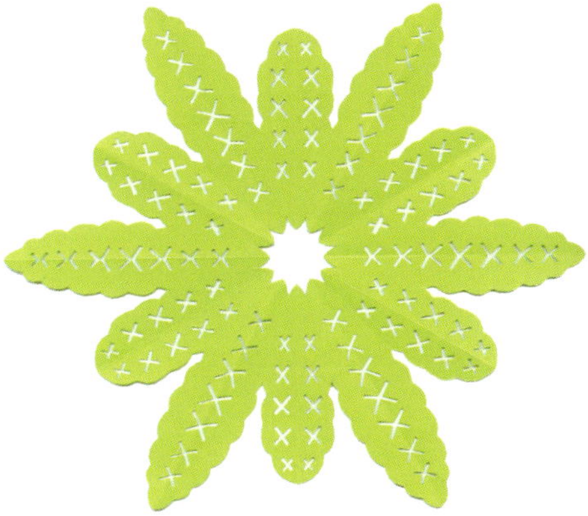

12

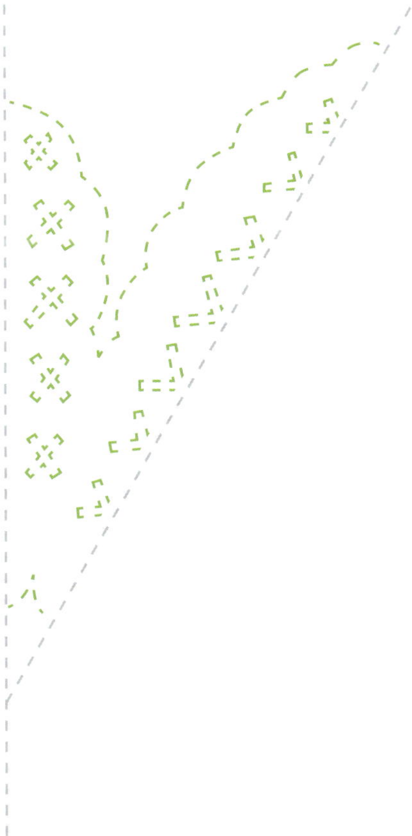

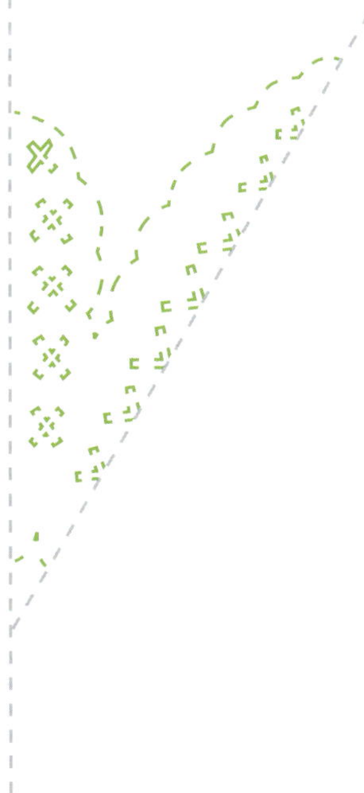

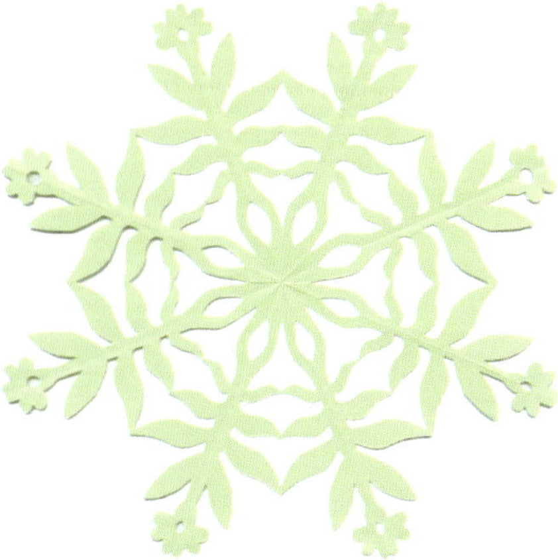

Wiesenschaumkraut

Tau auf dem Gras, Sonnenaufgang und Vogelgezwitscher. Der Frühling ist da! Schneiden Sie das Wiesenschaumkraut aus!

16

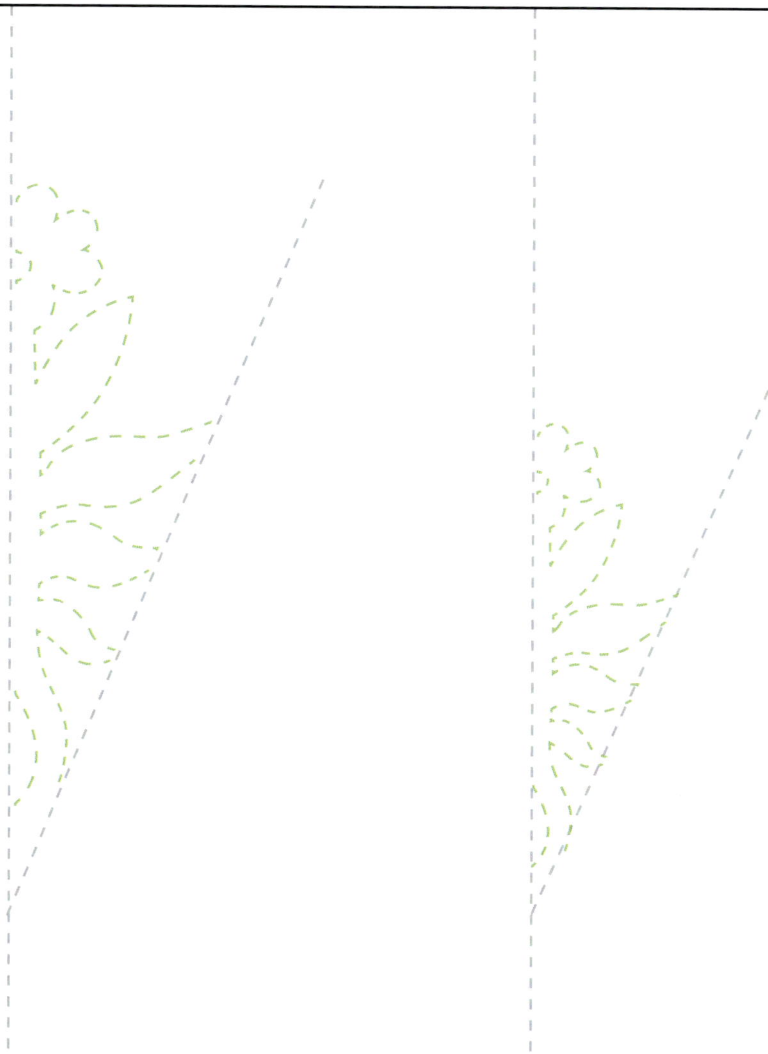

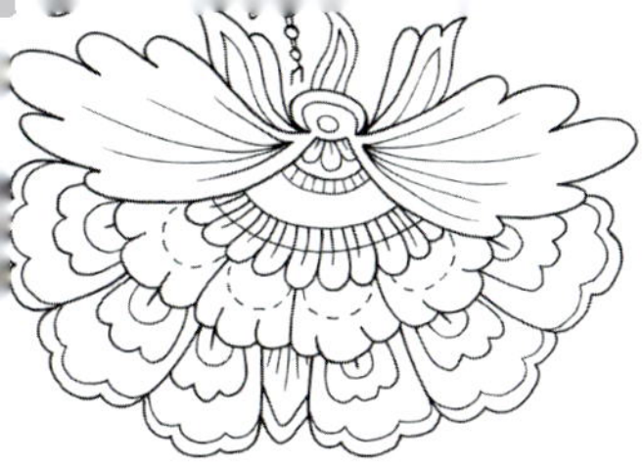

Morgenlied

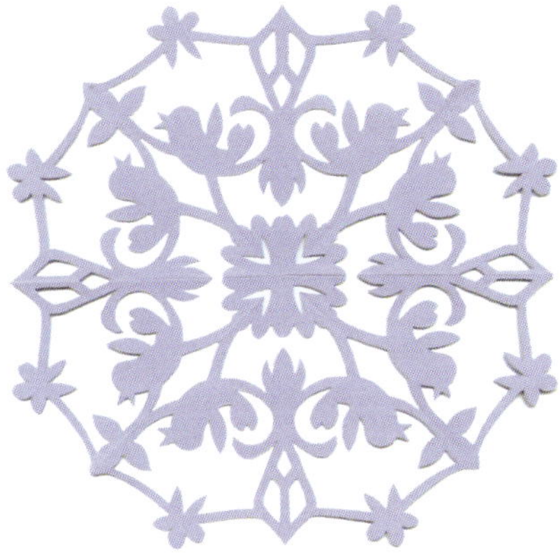

Zum Frühlingsanfang hört man es lauthals Pfeifen und Zwitschern. Die Vögel überraschen mit einem Morgenlied. Wen überraschen Sie mit dieser Schneeflocke?

8

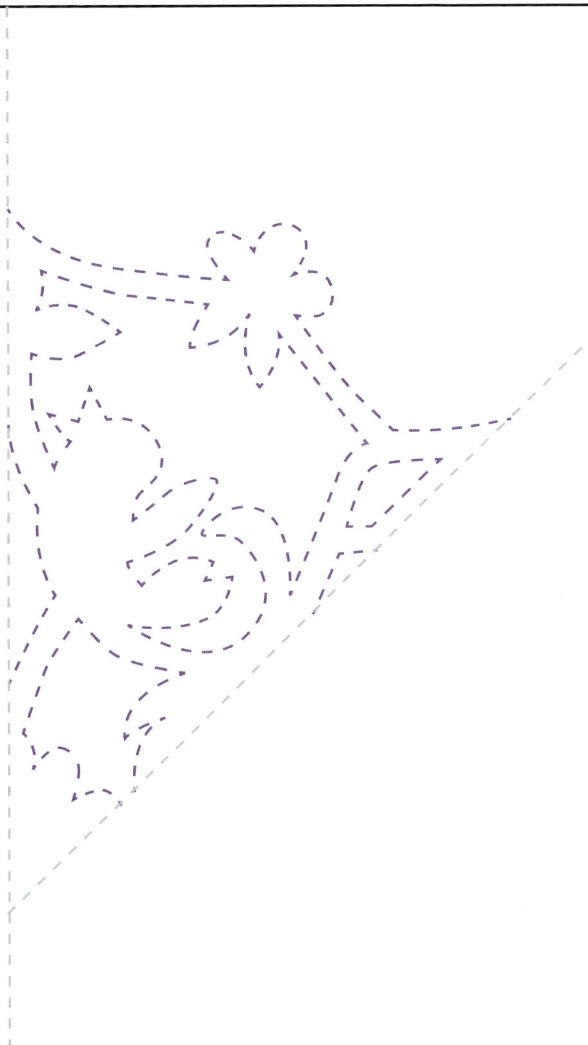

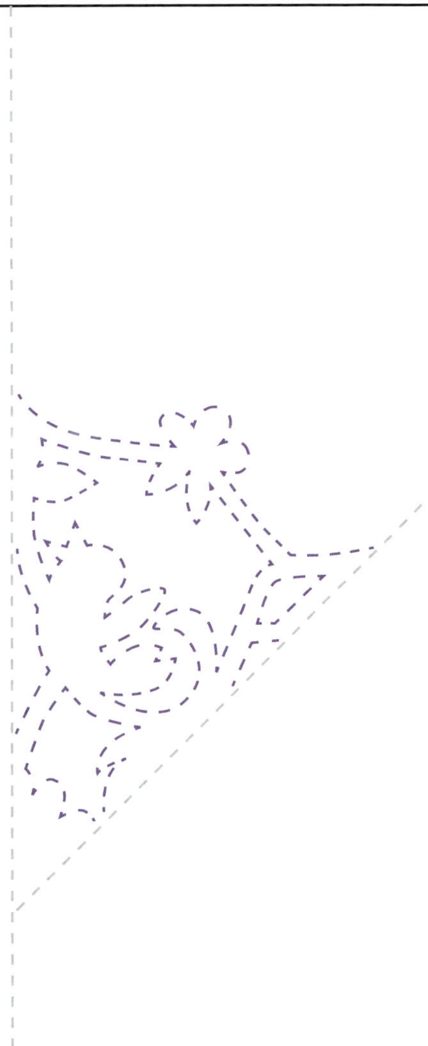

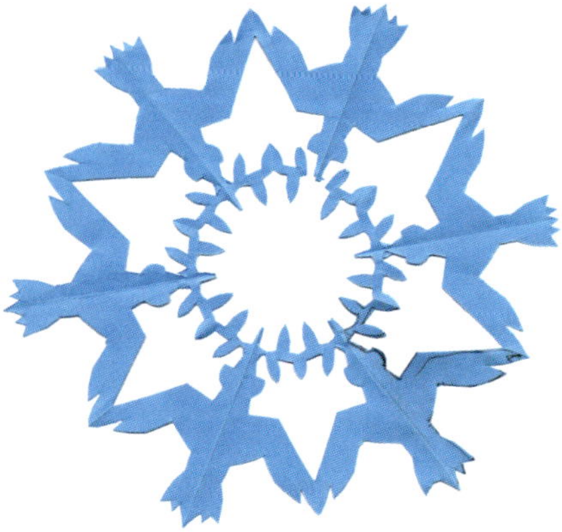

Seefest

Wenn Sie auf hoher See eine Taube mit Olivenzweig im Schnabel entdecken, dann wissen Sie, dass bald Land in Sicht ist.

12

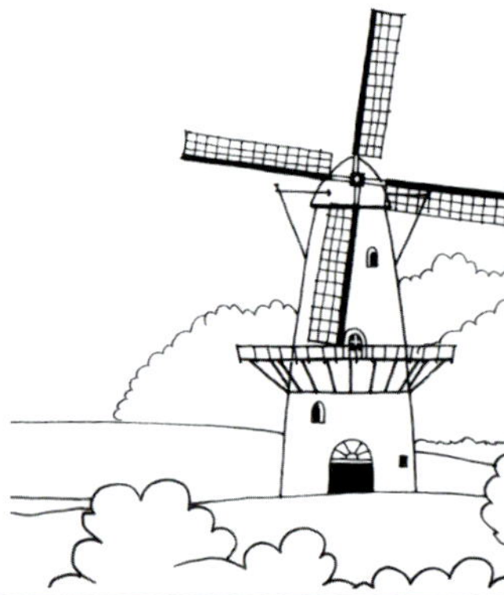

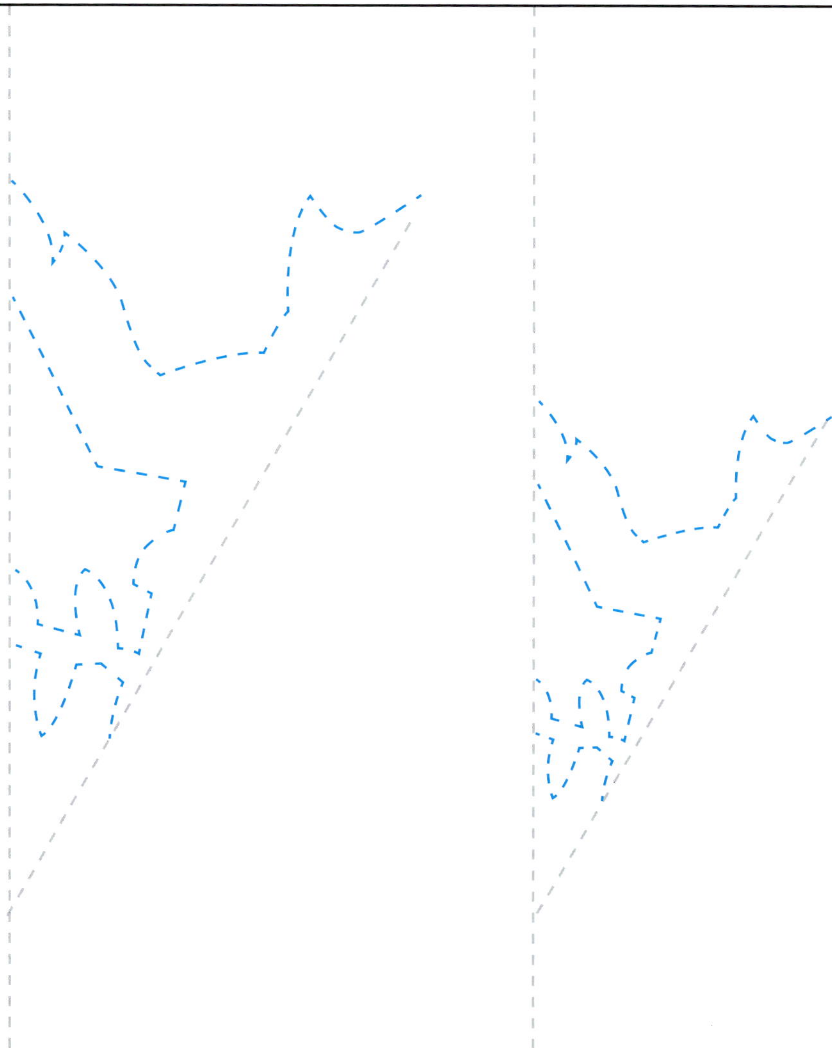

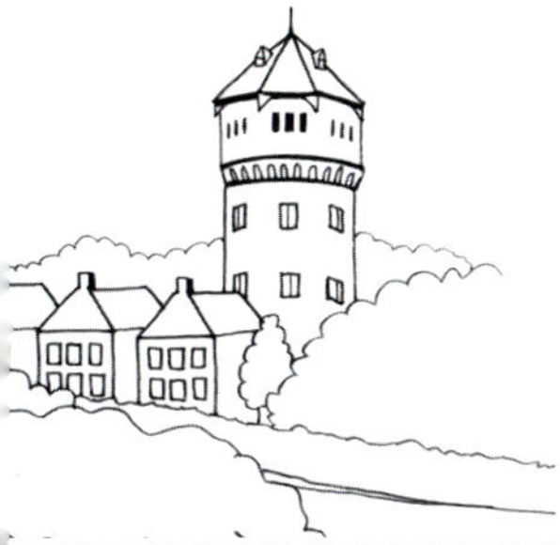

Abendsonne

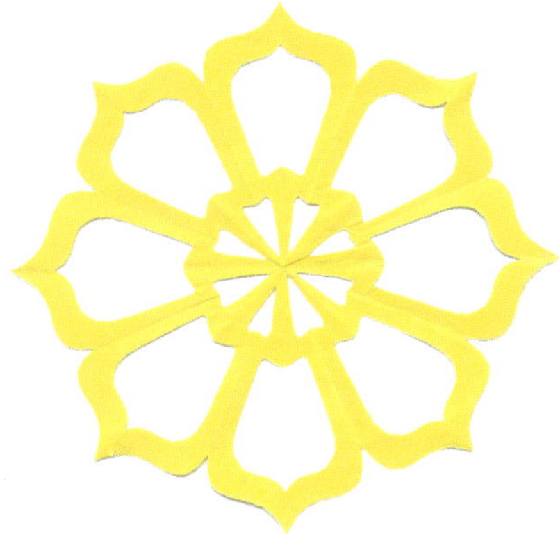

Beginnen Sie bei dieser Schneeflocke mit dem unteren kleinen Ausschnitt, das geht am leichtesten. Dann schneiden Sie den oberen Bogen und zuletzt die Mitte aus.

16

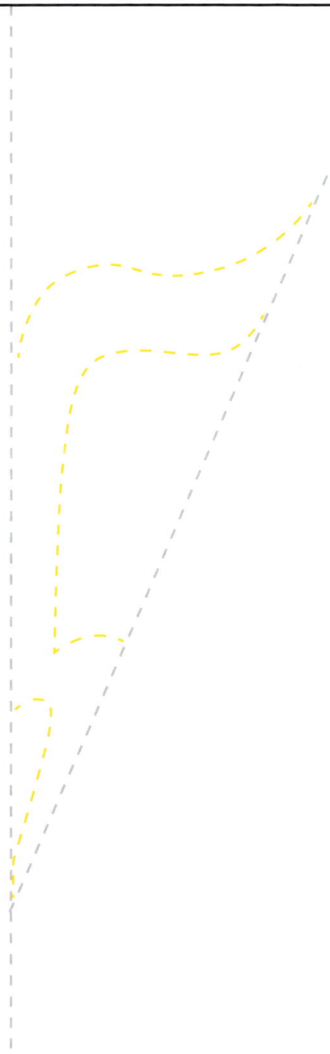

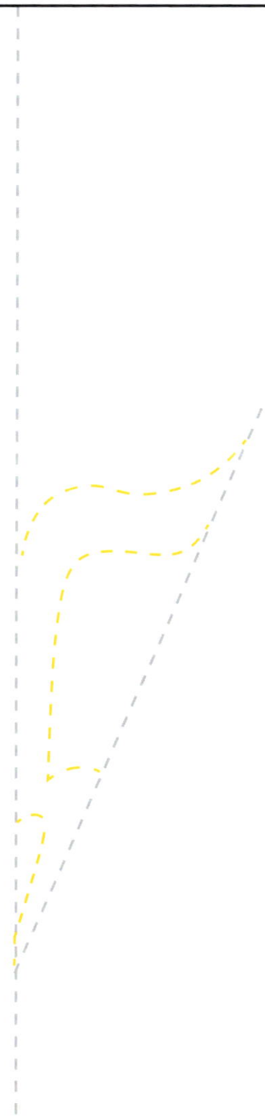

Buchempfehlungen für Sie?

Noch mehr kreative Bücher zum gleichen Thema gesucht?

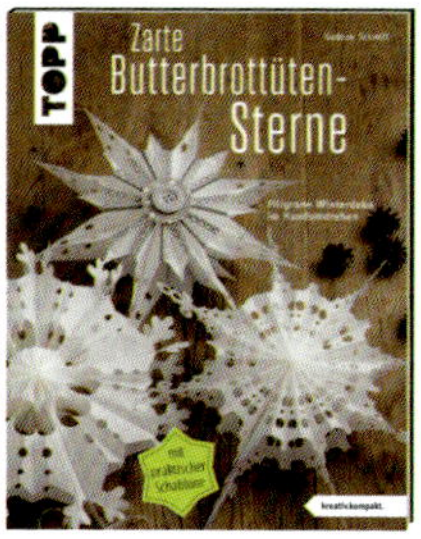

978-3-7724-4244-5

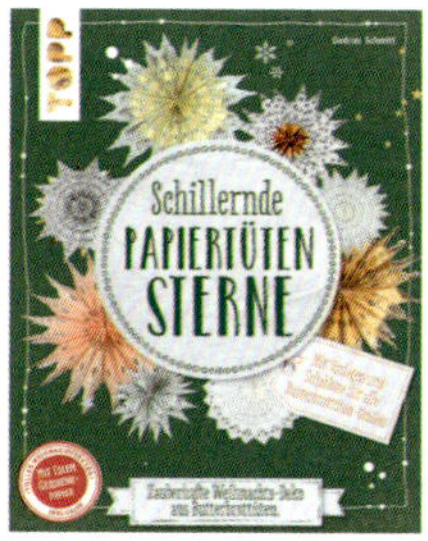

978-3-7724-4297-1

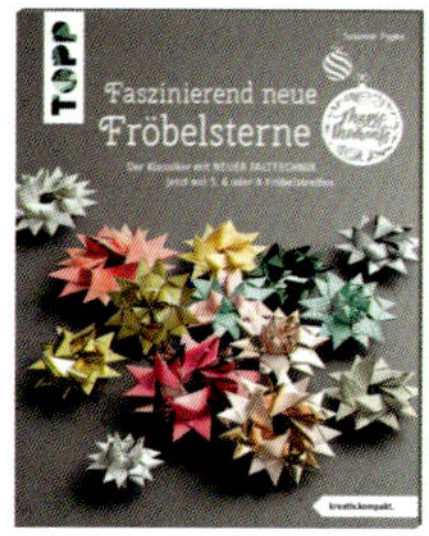

978-3-7724-4377-0

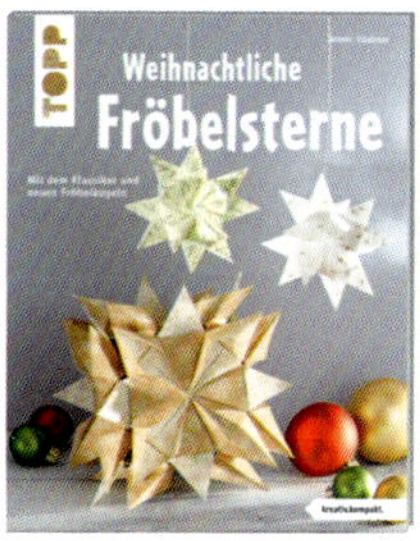

978-3-7724-4229-2

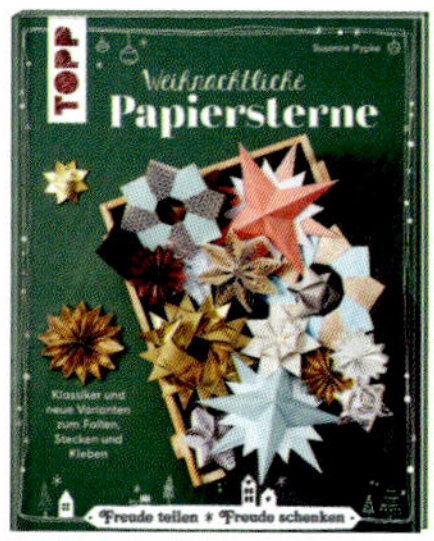

978-3-7724-4569-9

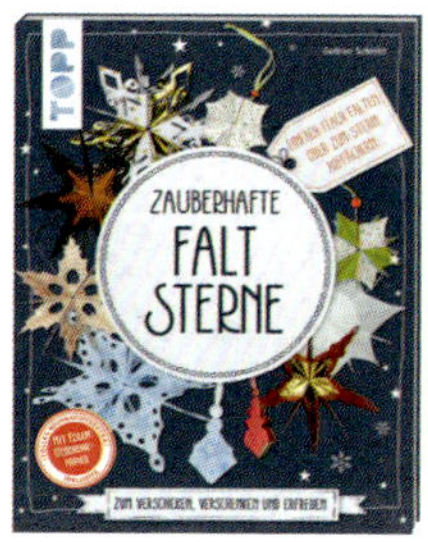

978-3-7724-4282-7

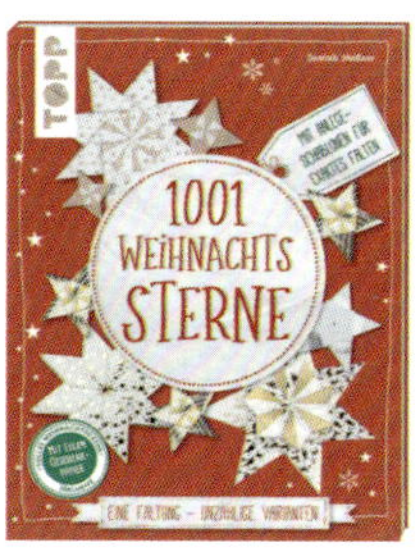

978-3-7724-4283-4

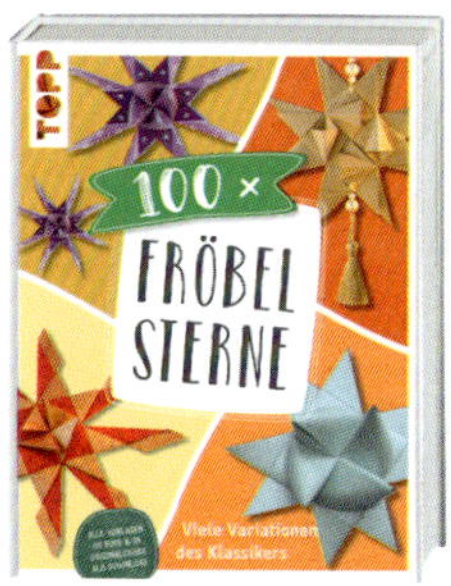

978-3-7724-7858-1

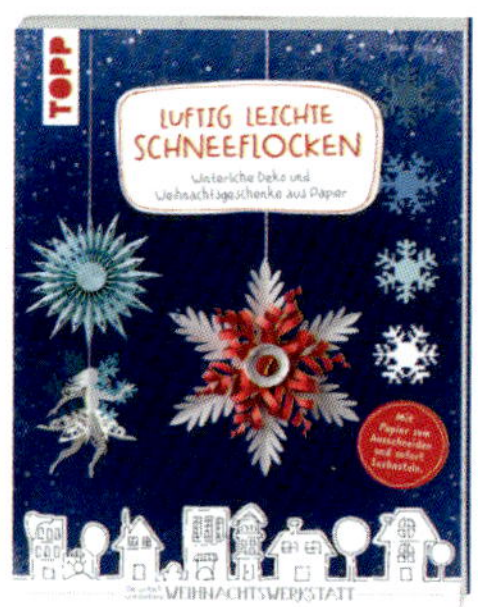

978-3-7724-5375-5

Basteln in der Weihnachtszeit

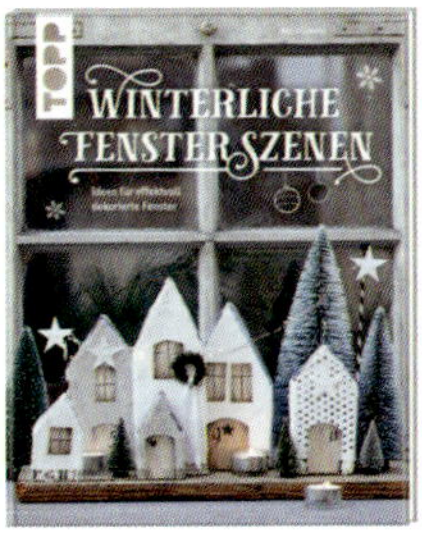

978-3-7724-7781-2

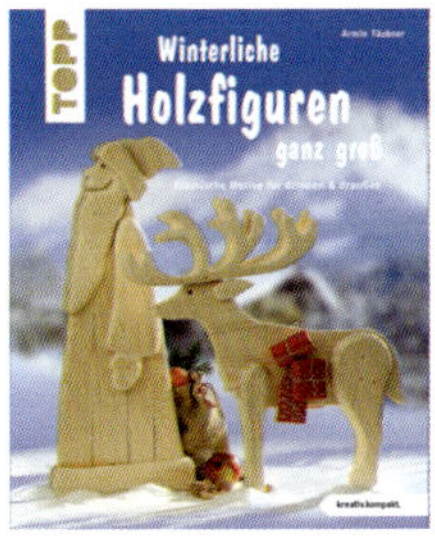

978-3-7724-4276-8

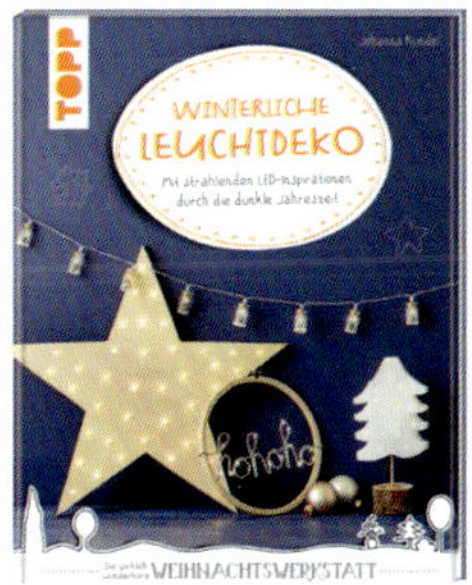

978-3-7724-7150-6

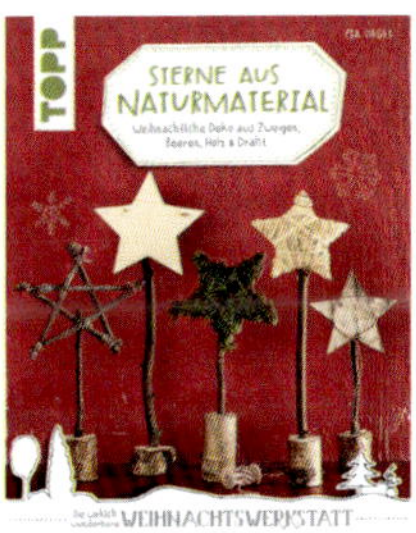

978-3-7724-4321-3

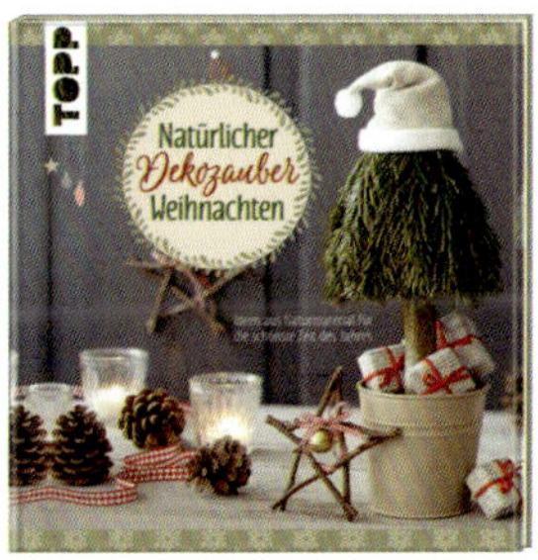

978-3-7724-7696-9

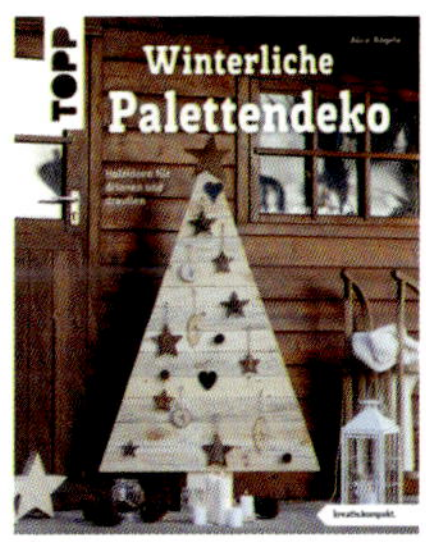

978-3-7724-4275-9

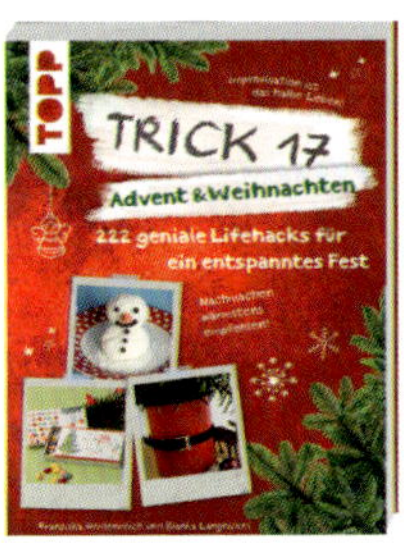

978-3-7724-7693-8

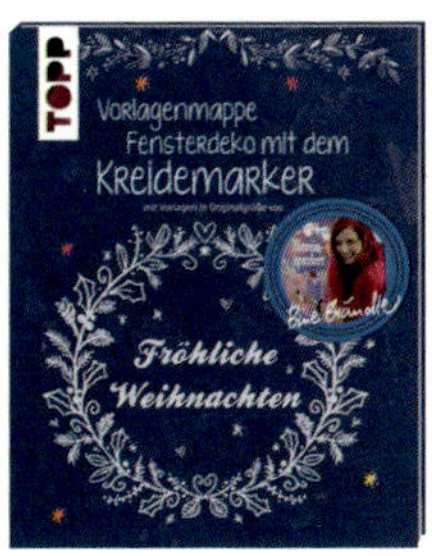

978-3-7724-7695-2

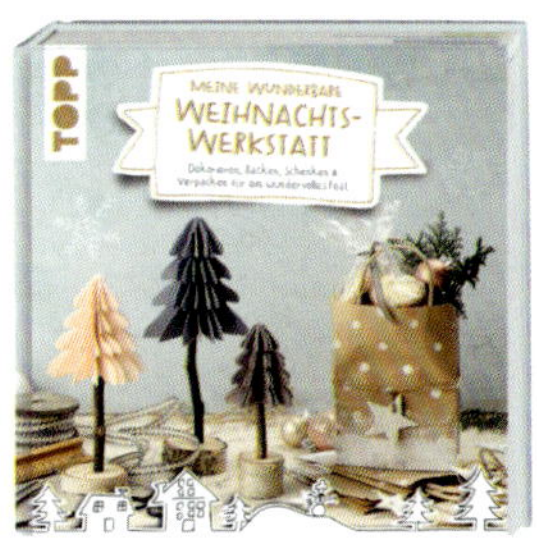

978-3-7724-7152-0

Immer informiert, immer inspiriert – die ganze Welt von TOPP auch im Netz

Webseite

Die neuesten Trends, die schönsten Kreativbücher und die aktuellsten Informationen auf unserer Webseite
Schauen Sie mal vorbei und stöbern Sie in unserem riesigen Angebot von mehr als 1000 Kreativbüchern, Sets und mehr:

www.TOPP-kreativ.de

Newsletter

Bunt, überraschend und immer aktuell – immer auf dem Laufenden mit unserem Newsletter
Noch heute anmelden und regelmäßig Informationen, Tipps und Neuheiten erhalten:

www.TOPP-kreativ.de/Newsletter

Digitale Bibliothek

Tutorial-Videos, Plotter-Dateien, Vorlagen zum Ausdrucken, Übungsblätter etc.
Zu vielen TOPP-Büchern gibt es digitale Extras. Schauen Sie im Impressum nach (die letzte Seite des Buches): Wenn dort ein Freischaltcode abgedruckt ist, dann besuchen Sie die Digitale Bibliothek auf unserer Webseite, registrieren Sie sich einmalig und schalten Sie Ihre Zusatzmaterialien frei:

www.TOPP-kreativ.de/DigiBib

Facebook

Werden Sie Teil unserer Communitys Mitstrickzentrale fürs Handarbeiten und Bastelzentrale für die Themen Basteln, Bauen, Dekorieren & DIY. Sie finden uns unter:

www.facebook.com/Mitstrickzentrale
www.facebook.com/Bastelzentrale

Instagram

Live dabei mit ständig aktuellen News aus dem frechverlag
Wolen Sie wissen, was bei uns gerade passiert und woran wir arbeiten? Dann folgen Sie uns auf Instagram. Möchten Sie uns an Ihren Kreativprojekten teilhaben lassen?Dann posten Sie doch gleich ein Foto mit dem Hashtag **#frechverlag** und wir stellen Ihr Werk gerne der Community vor:

www.Instagram.com/frechverlag

Pinterest

Neue Bücher, neue Ideen und die Menschen, die sie machen
Sie sind auf der Jagd nach den neuesten Ideen und aktuellen Trends im DIY-Bereich? All das gibt es auf den Pinnwänden des frechverlags unter:

www.Pinterest.com/frechverlag

Youtube

Ein Video sagt oft mehr als tausend Worte
Sie möchten neue Techniken ausprobieren, Autoren kennenlernen oder einmal hinter die Kulissen unserer Buchproduktionen schauen?
Dann abonnieren Sie den Kanal des frechverlags unter:

www.YouTube.com/frechverlag

Wer wir sind, wie wir arbeiten, was wir lieben ...

Folgen Sie uns auf Instagram, Facebook und Pinterest, um mehr über uns und unsere Arbeit zu erfahren und immer mit den neuesten Informationen versorgt zu sein.

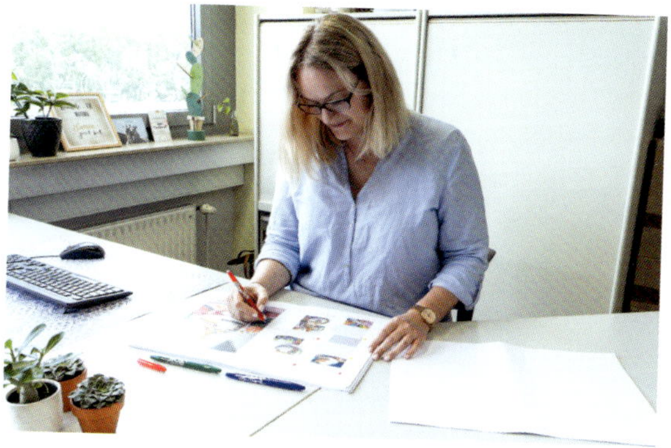

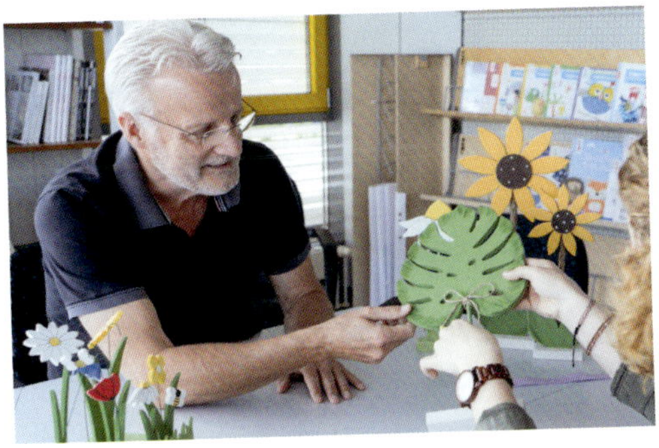

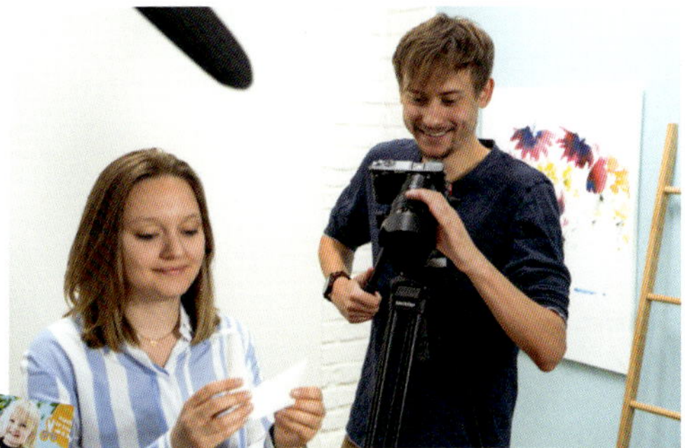

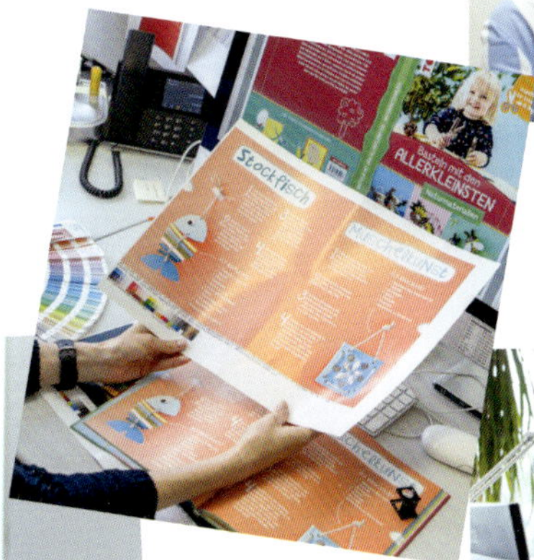

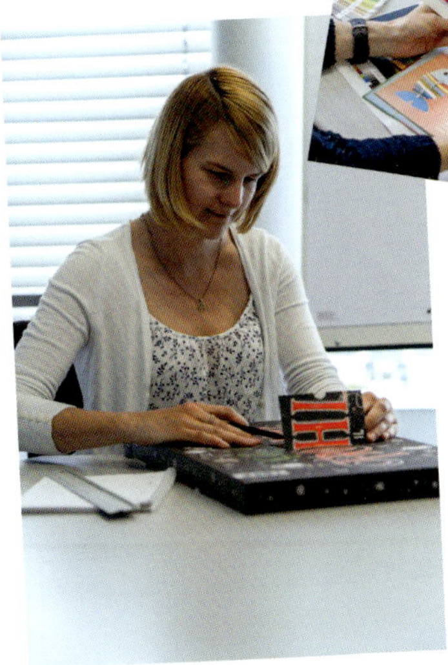

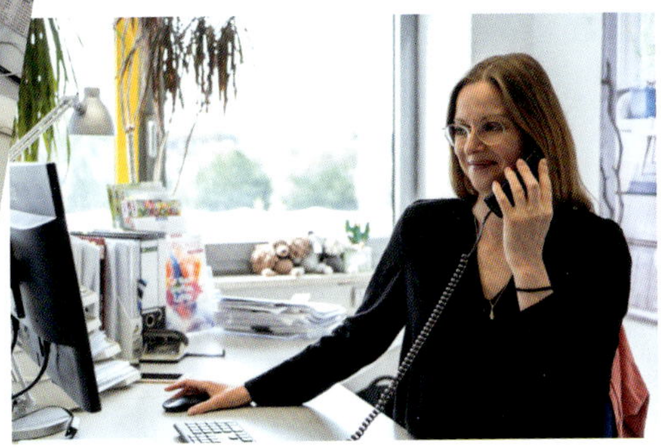

Alle News, alle Infos und alle Links finden Sie auf www.TOPP-kreativ.de

TOPP – Unsere Servicegarantie

WIR SIND FÜR SIE DA! Bei Fragen zu unserem umfangreichen Programm oder Anregungen freuen wir uns über Ihren Anruf oder Ihre Post. Loben Sie uns, aber scheuen Sie sich auch nicht, Ihre Kritik mitzuteilen – sie hilft uns, ständig besser zu werden.

Bei Fragen zu einzelnen Materialien oder Techniken wenden Sie sich bitte an unseren Kreativservice, Frau Erika Noll.

mail@kreativ-service.info
Telefon 0 50 52 / 91 18 58

Das Produktmanagement erreichen Sie unter:

pm@frechverlag.de
oder:
frechverlag
Produktmanagement
Turbinenstraße 7
70499 Stuttgart
Telefon 07 11 / 8 30 86 68

LERNEN SIE UNS BESSER KENNEN! Fragen Sie Ihren Hobbyfach- oder Buchhändler nach unserem kostenlosen Magazin **Meine kreative Welt.** Darin entdecken Sie zweimal im Jahr die neuesten Kreativtrends und interessantesten Buchneuheiten.

Oder besuchen Sie uns im Internet! Unter **www.topp-kreativ.de** können Sie sich über unser umfangreiches Buchprogramm informieren, unsere Autoren kennenlernen sowie aktuelle Highlights und neue Kreativtechniken entdecken, kurz – die ganze Welt der Kreativität.

Kreativ immer up to date sind Sie mit unserem monatlichen **Newsletter**. Für aktuelle Infos, Gratis-Anleitungen und Gewinnspiele gleich anmelden unter www.TOPP-kreativ.de/Newsletter

IMPRESSUM

Für die deutsche Ausgabe:
ÜBERSETZUNG AUS DEM ENGLISCHEN: Birgit van der Avoort, Havixbeck
SATZ: Dagmar Herrmann, two-up
COVERGESTALTUNG: Eva Grimme
HERSTELLUNG: Heike Köhl
DRUCK UND BINDUNG: POLYGRAF PRINT spol. s r.o.
PRODUKTMANAGEMENT UND KORREKTORAT: Nicole Benzinger

Die Originalausgabe erschien 2016 unter dem Titel *Papieren Sneeuwvlokken meer dan 100 projecten om uit te knippen* bei BBNC uitgevers bv, Amersfoort

5. Auflage 2021

Der Freischalte-Code für die Vorlagen lautet: 10000

ISBN 978-3-7724-4383-1 • Best.-Nr. 4383